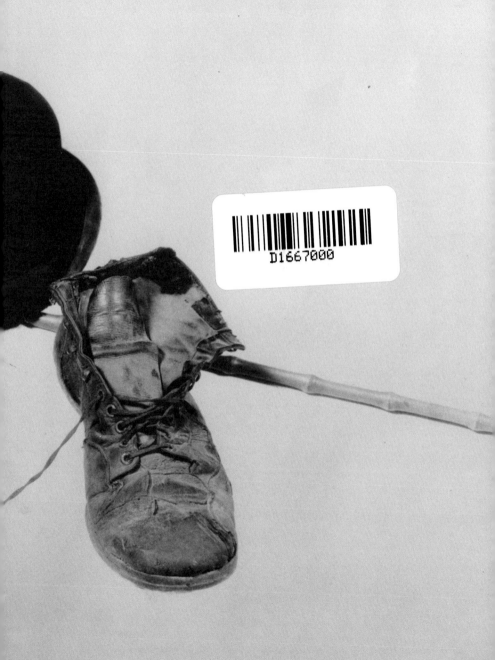

CHAPLIN

EDITADO POR/A CURA DI
PAUL DUNCAN

TEXTOS/TESTI
DAVID ROBINSON

FOTOS/FOTOGRAFIE
ROY EXPORT COMPANY ESTABLISHMENT

TASCHEN
HONG KONG KÖLN LONDON LOS ANGELES MADRID PARIS TOKYO

ÍNDICE/INDICE

06

CHARLIE CHAPLIN:
EL PEQUEÑO VAGABUNDO
14 IL PICCOLO VAGABONDO
18 O PEQUENO VAGABUNDO
por/di David Robinson

22

FILMOGRAFÍA VISUAL
22 FILMOGRAFIA VISUALE
22 FILMOGRAFIA VISUAL

178

CRONOLOGÍA
182 CRONOLOGIA
184 CRONOLOGIA

186

FILMOGRAFÍA
186 FILMOGRAFIA
186 FILMOGRAFIA

192

BIBLIOGRAFÍA
192 BIBLIOGRAFIA
192 BIBLIOGRAFIA

1

CHARLIE CHAPLIN: EL PEQUEÑO VAGABUNDO

CHARLIE CHAPLIN: IL PICCOLO VAGABONDO

CHARLIE CHAPLIN: O PEQUENO VAGABUNDO

POR/DI DAVID ROBINSON

CHARLIE CHAPLIN: EL PEQUEÑO VAGABUNDO

por David Robinson

      Más de setenta años después de su última aparición en pantalla, el pequeño vagabundo de Charles Chaplin sigue siendo un icono, tanto del cine como del siglo veinte, reconocido y amado en el mundo entero. La explicación de su éxito sin precedentes, frente a un público universal, puede ser su capacidad de transformar las ansiedades básicas y las preocupaciones de la vida humana en comedia; un reflejo de sus propias experiencias vitales. Chaplin nació en Londres, siendo el hijo de unos cantantes de variedades que se separaron cuando él era un bebé. Creció en medio de una pobreza extrema, y parte de su infancia la pasó en instituciones para niños indigentes. A los diez años su fortuna dio un brusco e importante giro, ya que se hizo actor profesional. Su trabajo en compañías ambulantes y un período de tres años sobre el escenario supusieron para él una precoz formación artística. Sus dones se perfeccionaron gracias a los años con Fred Karno, el empresario de comedia más brillante de los teatros británicos.

      Mientras estaba de gira por los circuitos de variedades de los Estados Unidos, fue descubierto y contratado por los estudios Keystone, de Mack Sennett. Pronto se dio cuenta de que para desarrollar su propio estilo cómico en la pantalla debía dirigirse a sí mismo. Llegó a dominar el arte de hacer películas con una velocidad sorprendente y, tras los primeros tres meses en el cine, comenzó a dirigir todas sus películas. De Keystone se fue a los estudios cinematográficos Essanay y luego a Mutual, buscando siempre una mayor independencia, junto con un salario mejor. Los primeros cuatro años en el cine supusieron el desarrollo a partir del descuidado escándalo de las comedias de la Keystone, pasando por la introducción de la ironía y el sentimiento, y el progreso hacia las obras maestras de la Mutual que incluyeron *El prestamista* (*The Pawnshop*), *La calle de la paz* (*Easy Street*) y *Charlot emigrante* (*The Immigrant*).

      En 1918 un acuerdo con la compañía distribuidora First National le permitió darse el lujo de tener su propio estudio, diseñado para ser el último grito en su día, y con su propio reparto y equipo permanente. Aquí es donde transformó los horrores de la Primera Guerra Mundial en comedia en

CHAPLIN STUDIOS (C. 1918)
Chaplin controlaba cada aspecto de sus películas, especialmente en la sala de montaje. / Chaplin controllava ogni aspetto dei suoi film, specialmente in sala di montaggio. / Chaplin controlava cada aspecto dos seus filmes, em especial na sala de montagem.

"Ese obstinado, receloso, egocéntrico, enloquecedor y adorable genio de un niño problemático, Charlie Chaplin."
Mary Pickford, 1953

Armas al hombro (*Shoulder Arms*) y encarnó las privaciones y ansiedades de su propia infancia en *El chico* (*The Kid*), en la cual encontró a su compañero ideal en el niño de 5 años Jackie Coogan.

En 1919, los cuatro gigantes del momento en Hollywood (Chaplin, Douglas Fairbanks, Mary Pickford y el director D.W. Griffith) constituyeron la United Artists para distribuir sus propias películas. El primer estreno de Chaplin con la compañía fue *Una mujer de París* (*A Woman of Paris*), una película dramática pensada para ser protagonizada por Edna Purviance (su fiel actriz principal y momentáneo interés amoroso desde 1915), en la cual él hizo solamente una fugaz aparición. Esta brillante película supuso una revolución en el sofisticado estilo de comedia, pero fue también el único fracaso de taquilla de Chaplin. Lo compensó el triunfo de *La quimera del oro* (*The Gold Rush*), que demostró de nuevo la creencia de Chaplin de que la tragedia y la comedia siempre van de la mano, ya que esta divertidísima comedia se inspiró en las agudas privaciones sufridas por los buscadores de oro en la década de 1890.

La llegada del cine sonoro en 1927 supuso para Chaplin un reto mayor que para otros directores. Su pantomima sin palabras se había ganado una audiencia universal, que inevitablemente disminuiría si ahora hablaba en inglés. La respuesta de Chaplin fue continuar haciendo películas mudas, como *Luces de la ciudad* (*City Lights*, 1931) y *Tiempos modernos* (*Modern Times*, 19365). En éstas la banda sonora se utilizó solamente para efectos sonoros y acompañamiento musical; dicho acompañamiento fue compuesto por Chaplin, que añadía así un trabajo más a los de productor, director, escritor y protagonista.

En *Tiempos modernos*, Chaplin usó la comicidad como arma para tratar asuntos candentes de la época, tales como la industrialización y el enfrentamiento entre capital y mano de obra. En *El gran dictador* (*The Great Dictator*, 1940), sus blancos fueron el fascismo y sus líderes, que suponían el peligro más grave de la época. Los críticos se quejaron de que el cómico se estaba excediendo en su función.

La defensa constante que Chaplin hizo de los desamparados y su amistad con intelectuales de izquierdas siempre habían sido vistas con desconfianza por la derecha política americana. La Guerra Fría y la persecución de la izquierda por McCarthy hicieron de Chaplin un blanco prominente. *Monsieur Verdoux*, una película satírica que establecía un paralelismo entre las actividades de un asesino en serie y el asesinato permitido en la guerra, generó más ira, y tras *Candilejas* (*Limelight*, 1952), un recuerdo agridulce de los teatros de su juventud, dejó América para un exilio permanente en Suiza. En Londres realizó dos películas más: *Un rey en Nueva York* (*A King in New York*), sátira de la paranoia política americana, y *La condesa de Hong Kong* (*A Countess from Hong Kong*). Infatigable hasta el final, publicó dos volúmenes autobiográficos, compuso la música para sus películas mudas más antiguas, y planeó incluso, hasta el final, realizar otra película. Murió el día de Navidad de 1977.

P. 2/3
'MODERN TIMES' (1936)
En el plató / Sul set / No plateau

P. 4
'THE GOLD RUSH' (1925)

P. 6
RETRATO / RITRATTO

P. 8/9
'MODERN TIMES' (1936)

'WORK' (1915)
En el plató: Con Marta Golden, Edna Purviance y visitantes. / Sul set: Con Marta Golden, Edna Purviance e alcuni visitatori. / No plateau: Com Marta Golden, Edna Purviance e visitantes.

CHARLIE CHAPLIN: IL PICCOLO VAGABONDO

di David Robinson

A più di settant'anni dalla sua ultima apparizione sullo schermo, lo Charlot di Charles Chaplin rimane un'icona indelebile non solo del cinema, ma dell'intero XX secolo, ancora riconosciuta e amata in tutto il mondo. Se può esservi una spiegazione del suo straordinario successo con un pubblico universale, è la sua capacità di trasformare le ansie e le preoccupazioni fondamentali dell'esistenza umana in commedia. Un riflesso delle sue esperienze di vita. Nato a Londra, figlio di una coppia di cantanti del music hall separatisi quando ancora era bambino, crebbe in povertà estrema, passando parte della sua infanzia in istituti per bambini indigenti. A dieci anni, però, la fortuna sembrò prendere una piega benevola quanto inattesa, quando gli si presentò l'occasione di diventare attore professionista. Attraverso ingaggi tra le compagnie di music hall e tre anni di palcoscenico regolare, acquisisce una solida quanto precoce esperienza nell'arte di scena. Le sue doti si affinano negli anni passati a fianco di Fred Karno, il più intelligente impresario teatrale della commedia britannica all'epoca del music hall.

Mentre gira gli Stati Uniti nei circuiti del Vaudeville, viene notato e ingaggiato dagli studi Keystone di Mack Sennett. Non passa molto tempo prima che si renda conto che, per trasferire in modo soddisfacente il suo stile comico sulla celluloide, dovrà dirigersi da solo. Acquisisce con velocità fenomenale il mestiere del cinema e, dopo tre soli mesi di presenza sui set, è già regista dei suoi stessi film. Perennemente in cerca di maggiore indipendenza e di migliori compensi, passa dalla Keystone alla Essanay, quindi da questa alla Mutual Film. I primi quattro anni di cinema lo vedono evolvere dallo slapstick più scanzonato delle commedie Keystone, introdurre progressivamente ironia e sentimento, fino ad arrivare a capolavori del periodo Mutual quali *L'usuraio* (The Pawnshop), *La strada della paura* (Easy Street) e *L'emigrante* (The Immigrant).

Nel 1918 un accordo con la casa di distribuzione First National gli consente di concedersi il lusso di uno studio tutto suo, all'avanguardia per le tecnologie dell'epoca, dotato di un cast e di una troupe permanenti. È qui che trasfigura gli orrori della prima guerra mondiale in commedia con *Charlot soldato* (Shoulder Arms) e incarna le privazioni e le ansie della sua infanzia in *Il monello* (The

---

"Quel testardo, malfidato, egocentrico, esasperante e adorabile genio di un bambino difficile, Charlie Chaplin."
Mary Pickford, 1953

'THE CIRCUS' (1928)
Tan hambriento que le robará a un bebé. / La fame non guarda in faccia nessuno. / Tão esfomeado que era capaz de roubar comida a um bebé.

HAROLD LLOYD, CHARLIE CHAPLIN & DOUGLAS FAIRBANKS (C. 1930)

Kid), dove troverà un partner ideale nel quinquenne Jackie Coogan.

Nel 1919 i quattro giganti di Hollywood del momento (Chaplin, Douglas Fairbanks, Mary Pickford e il regista D.W. Griffith) fondano la United Artists per la distribuzione dei loro film. Il primo distribuito da Chaplin tramite la nuova compagnia è *La donna di Parigi* (*A Woman of Paris*), un film drammatico concepito per mettere in risalto le doti di Edna Purviance - sua fedele primadonna e occasionale interesse sentimentale a partire dal 1915 - in cui egli fa solo una fuggevole comparsa. Questa straordinaria pellicola segnò una rivoluzione nello stile della commedia di qualità e l'unico disastro al botteghino per Chaplin. Per compenso, si rivela un vero trionfo *La febbre dell'oro* (*The Gold Rush*), altra manifestazione della convinzione di Chaplin che tragico e comico non corrono mai troppo distanti: questa esilarante commedia è ispirata dalle terribili privazioni cui andavano incontro i cercatori d'oro nell'ultima decade dell'Ottocento.

L'avvento del sonoro, nel 1927, rappresenta una sfida più difficile per Chaplin che per molti altri registi. La platea mondiale che si era conquistato con la sua pantomima senza parole si sarebbe inevitabilmente ristretta appena avesse cominciato a parlare inglese. Continua così a girare film muti - *Luci della città* (*City Lights*, 1931) e *Tempi moderni* (*Modern Times*, 1936) - utilizzando la colonna sonora solo per gli effetti acustici e l'accompagnamento musicale, quest'ultimo composto da Chaplin stesso, che così aggiunge quella di compositore alla fama già affermata di produttore, regista, scrittore e stella del grande schermo.

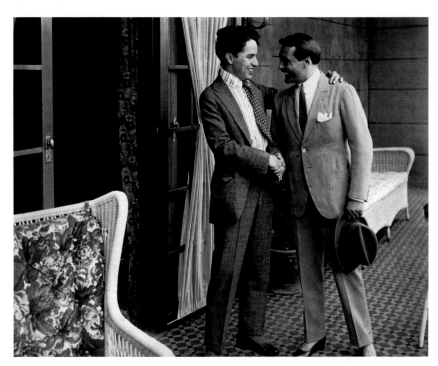

CHAPLIN & MAX LINDER (1921)
El trabajo del gran actor cómico francés Max Linder influenció a Chaplin. / Il lavoro del grande comico del cinema francese Max Linder influenzò Chaplin. / O trabalho do grande comediante do cinema francês Max Linder influenciou Chaplin.

In *Tempi moderni* Chaplin decide di affrontare con l'arma della comicità temi scottanti per l'epoca quali l'industrializzazione e il conflitto tra capitale e lavoro. In *Il grande dittatore* (*The Great Dictator*, 1940) prende a bersaglio il fascismo e i suoi capofila, minaccia gravissima per l'umanità dell'epoca. I critici gli rimprovereranno di aver travalicato i confini della sua funzione di comico.

L'incessante sostegno degli oppressi e le amicizie negli ambienti di sinistra non avevano mancato di procurare a Chaplin la profonda diffidenza della destra americana. Con la guerra fredda e la persecuzione maccartista, Chaplin diventa uno dei principali bersagli. *Monsieur Verdoux*, film satirico che mette in parallelo i crimini di un omicida seriale con l'assassinio legittimato della guerra, non fa che attirargli più ire; e dopo *Luci della ribalta* (*Limelight*, 1952), reminiscenza dolceamara dei music hall della giovinezza, lascia l'America per un esilio definitivo in Svizzera. A Londra avrà ancora occasione di girare due film, *Un re a New York* (*A King in New York*), una satira dell'atmosfera di paranoia politica dell'America del tempo, e *La contessa di Hong Kong* (*A Countess from Hong Kong*). Infaticabile fino alla fine, pubblica due volumi autobiografici, compone musica per i suoi vecchi film muti e pianifica un nuovo film. Muore il giorno di Natale del 1977.

CHARLIE CHAPLIN: O PEQUENO VAGABUNDO

por David Robinson

Mais de setenta anos após a sua última aparição no grande ecrã, o Pequeno Vagabundo de Charles Chaplin permanece como ícone máximo não só do cinema mas também do século vinte – reconhecido e adorado por todo o mundo. Se pode existir uma explicação para este sucesso único com um público universal, será certamente a sua capacidade de transpor para a comédia as ansiedades e preocupações fundamentais da vida humana – um reflexo das suas próprias experiências de vida. Nascido em Londres, filho de dois cantores do music hall que se separaram quando ele ainda era um bebé, cresceu na miséria extrema, passando parte da sua infância em instituições para crianças destituídas. Contudo, quando tinha dez anos a sua sorte mudou radicalmente ao tornar-se um artista profissional. Trabalhos com grupos do music hall e uma oportunidade de trabalho de três anos em palco forneceram-lhe uma valiosa aprendizagem precoce na arte de representar. Os seus dotes foram aguçados pelos anos de trabalho com Fred Karno, o mais brilhante empresário de comédia dos music halls britânicos.

Durante uma digressão pelos circuitos americanos de vaudeville foi descoberto e contratado pelos estúdios Keystone de Mack Sennett. Rapidamente se apercebeu de que para realizar completamente o seu próprio estilo de comédia nos filmes, teria de ser o seu próprio realizador. Ele aprendeu a dominar a sétima arte com uma velocidade incrível, e após os primeiros três meses já dirigia todos os seus próprios filmes. Continuamente em busca de maior independência, bem como de maiores salários, saiu da Keystone para as companhias cinematográficas Essanay e Mutual. Nos primeiros quatro anos no grande ecrã, evoluiu do principiante despreocupado das comédias da Keystone, passando pela ironia e o sentimento, até chegar às obras primas da Mutual que incluem a *The Pawnshop*, *Easy Street* e *The Immigrant*.

Em 1918, um acordo com a empresa de distribuição First National permitiu-lhe o luxo de ter o seu próprio estúdio, concebido com o que havia de mais moderno na época, e com a sua própria equipa e elenco permanentes. Aqui ele converteu os horrores da Primeira Grande Guerra em comédia com *Shoulder Arms* e interpretou as privações e ansiedades da sua própria

'THE CIRCUS' (1928)
No es un truco, y el miedo de Chaplin era genuino. / Non vi è finzione, la paura di Chaplin è genuina. / Isto não é um truque e o medo de Chaplin era genuíno.

"Aquele obstinado, desconfiado, egocêntrico, louco e adorável génio de criança problemática, Charles Chaplin."
Mary Pickford, 1953

LA PRENSA/STAMPA/IMPRENSA (C. 1918)
Chaplin fue constantemente perseguido por la prensa. / Chaplin era costantemente inseguito dalla stampa. / Chaplin era constantemente perseguido pela imprensa.

infância em O garoto de Charlot (The Kid), onde encontrou o parceiro ideal em Jackie Coogan, de apenas 5 anos.

Em 1919 os quatro gigantes de Hollywood na época – Chaplin, Douglas Fairbanks, Mary Pickford e o realizador D. W. Griffith – formaram a United Artists, para distribuírem os seus próprios filmes. O primeiro lançamento de Chaplin sob a chancela da United Artists foi Opinião pública (A Woman of Paris), um filme dramático concebido para a estrela Edna Purviance – a sua fiel actriz principal e amante ocasional desde 1915 – no qual ele tinha apenas uma breve participação. Este filme brilhante foi uma revolução no estilo de comédia sofisticado, mas o único desaire de bilheteira de Chaplin. Foi rapidamente ofuscado pelo triunfo da A quimera do ouro (The Gold Rush), que demonstrava, uma vez mais, a crença de Chaplin de que a comédia e a tragédia nunca se encontram muito distantes: esta hilariante comédia foi inspirada pelas severas privações dos pesquisadores de ouro da década de 1890.

A chegada do cinema sonoro em 1927 supôs para Chaplin um desafio maior do que para os outros realizadores. A sua pantomima muda tinha-lhe logrado uma audiência universal, que iria certamente estranhar ouvi-lo a falar em inglês. A resposta de Chaplin foi continuar a realizar filmes mudos – Luzes na cidade (City Lights, 1931) e Tempos modernos (Modern Times, 1936) – com a banda sonora apenas para os efeitos sonoros e o acompanhamento musical, composto por Chaplin, que ganhava assim um novo crédito para adicionar ao de produtor, realizador, argumentista e actor.

Em *Tempos modernos* Chaplin utiliza a arma da comédia para criticar temas polémicos da actualidade – como sejam a industrialização e o conffronto entre o capital e o trabalho. Em *O grande ditador* (*The Great Dictator*, 1940) os seus alvos foram o fascismo e os seus líderes, os iminentes perigos da altura. Os críticos queixaram-se que o comediante estava a exceder as suas competências.

A sua amizade com intelectuais de esquerda foi sempre alvo de desconfiança por parte da direita da política Americana. Com a Guerra-fria e a perseguição de McCarthy à esquerda política, Chaplin tornou-se um alvo preferencial. *O Barba Azul* (*Monsieur Verdoux*), uma sátira na qual o paralelismo entre as actividades de um assassino em série com o crime de guerra, lançou ainda mais achas para a fogueira; e após as *Luzes da ribalta* (*Limelight*, 1952), uma compilação amarga dos music halls da sua juventude, deixou os Estados Unidos encontrando exílio permanente na Suiça. Em Londres realizou ainda mais dois filmes: *Um rei em Nova Iorque* (*A King in New York*), uma sátira à paranóia politica Americana e *A condessa de Hong Kong* (*A Countess from Hong Kong*). Infatigável até ao final, ele publicou dois volumes autobiográficos, compôs música para os seus filmes mudos e perto do fim ainda planeou outro filme. Morreu no Dia de Natal, a 25 de Dezembro de 1977.

'DAILY MIRROR' (1952)
Cuando se anuló el permiso para que Chaplin regresase a los Estados Unidos, la noticia apareció en los titulares de todo el mundo. / La notizia del diniego del permesso di ritorno negli USA a Chaplin ebbe grande eco nei giornali di tutto il mondo. / Quando a autorização de regresso aos EUA de Chaplin foi rescindida, a notícia foi destaque de primeira página em todo o mundo.

2

FILMOGRAFÍA VISUAL

FILMOGRAFIA VISUALE

FILMOGRAFIA VISUAL

KEYSTONE

1914

'MAKING A LIVING' (1914)
En su primera película, Chaplin es el hombre antipático que compite con Henry Lehrman por el amor de Virginia Kirtley. / Nel suo primo film, Chaplin è un tipo sgradevole che compete con Henry Lehrman per conquistare l'amore di Virginia Kirtley. / No seu primeiro filme, Chaplin é o homem antipático que rivaliza com Henry Lehrman pelo amor de Virginia Kirtley.

P. 22
'A NIGHT IN A LONDON CLUB' (1910)
Mientras actuaba con la compañía de variedades de Karno, Chaplin se especializó en personajes ebrios. / Nella compagnia di vaudeville di Karno, Chaplin si era specializzato nel ruolo dell'alticcio. / Chaplin especializou-se em personagens embriagados quando actuou com a companhia de vaudeville Karno.

'MAKING A LIVING' (1914)
Henry Lehrman (en el centro), también era el director, e hizo una comedia burlesca con el formato estándar de la Keystone. Según Chaplin, Lehrman eliminó gran parte de las anécdotas cómicas. / Henry Lehrman (al centro) era anche il regista. Qui realizzò uno slapstick nei tipici canoni Keystone. Chaplin disse che Lehrman aveva tagliato molte delle sue gag. / Henry Lehrman (ao centro) foi também o realizador e filmou uma comédia slapstick bem ao estilo da Keystone. Segundo Chaplin, Lehrman cortou muita da sua parte cómica.

P. 26/27
'KID AUTO RACES AT VENICE' (1914)
El debut del famoso atuendo. Chaplin hace el papel de un hombre que se coloca insistentemente delante de la cámara, para fastidio del director. Se rodó en 45 minutos. / Il debutto nel costume che sarebbe diventato la sua icona. Chaplin recita la parte di un tizio che si pianta costantemente di fronte alla cinepresa, con gran disappunto del regista. L'intera comica è stata girata in 45 minuti. / A estreia do legendário fato. Chaplin interpreta um homem que insiste em colocar-se diante da câmara, para grande aborrecimento do realizador. Toda a cena foi filmada em 45 minutos.

IN PICTURING THIS EVENT AN ODD CHARACTER DISCOVERED THAT MOTION PICTURES WERE BEING TAKEN AND IT BECAME IMPOSSIBLE TO KEEP HIM AWAY FROM THE CAMERA

The first sub-title (from a genuine Keystone Print)   Chaplin at first obstructs the view of the camera The starting-point

which is taking press photographs and strikes a pose   requests for his departure

middle of the course, but soon returns to the camera. Persuasion fo

But Chaplin picks up his hat and returns to face the

...lin at first obstructs the view of the crowd   then gets in front of the camera

...ly produce a different pose.   He goes off for a stroll in the

..., the cameraman resorts to force.

...ra in even more striking poses   and at shorter range

'MABEL'S STRANGE PREDICAMENT' (1914)
Esta película, con Mabel Normand (una estrella mucho más conocida en aquel momento), se hizo la semana anterior a 'Carreras sofocantes', de modo que es realmente la primera vez que Chaplin vistió el famoso traje de vagabundo. / Questo film, che lo vede con Mabel Normand (la cui notorietà era molto superiore all'epoca), è stato realizzato la settimana precedente a 'Charlot si distingue'. È questa, perciò, la prima volta in cui Chaplin veste i panni del vagabundo. / Este filme com Mabel Normand (uma grande estrela da época), foi feito na semana anterior a 'Kid Auto Races at Venice' e por isso foi realmente a primeira vez que Chaplin usou o fato de vagabundo.

"Había una parada de coches cerca y un viejo personaje al que llamaban 'Rummy' Binks era uno de los seres característicos del lugar... Cuando vi a Rummy arrastrarse por la acera para conseguir una propina de un penique por sujetar las riendas del caballo de un cochero, me quedé fascinado. El modo de caminar era tan curioso que lo imité... Cultivé esa forma de caminar día tras día. Se convirtió en una obsesión. Siempre que lo hacía, estaba seguro de obtener una risa. Ahora, sin importar qué más puedo hacer que sea entretenido, no puedo deshacerme de esa forma de caminar."
Charles Chaplin, 'McClure's Magazine' (1916)

'BETWEEN SHOWERS' (1914)
Una comedia de la Keystone presentaba varias situaciones estándar. Una de ellas pasaba por colocar a los actores en un parque y hacer que dos de los personajes (Chaplin y Ford Sterling) se peleasen por una mujer (Emma Clifton) hasta que un oficial de policía (Chester Conklin) aparecía para restaurar la paz. / Una commedia Keystone presentava varie situazioni canoniche. Una era quella di portare gli attori in un parco e far litigare due personaggi (Chaplin e Ford Sterling) per una ragazza (Emma Clifton), fino al sopraggiungere di un poliziotto (Chester Conklin) che avrebbe riportato la calma. / Existiam várias montagens padrão para uma comédia da Keystone. Uma delas consistia em colocar os actores num parque e existirem duas personagens (Chaplin e Ford Sterling) a lutar pelo amor de uma donzela (Emma Clifton) até aparecer um polícia (Chester Conklin) para restabelecer a ordem.

P. 30/31
'A FILM JOHNNIE' (1914)
Chaplin se implica tanto en la película que las emociones que muestra en pantalla son las suyas propias. Este hecho muestra una comprensión instintiva del intercambio emocional entre película y espectador. Las emociones se hacen reales. / Chaplin si lasciava talmente coinvolgere dal film da far proprie le emozioni sul copione. Da qui la sua istintiva comprensione delle interazioni emotive tra film e spettatore. Le emozioni diventano vere. / Chaplin fica tão envolvido no filme que as emoções no ecrã se tornam as suas emoções. Isto demonstra um entendimento instintivo das transacções emocionais existentes entre a película e o espectador. As emoções tornam-se reais.

Chaplin is a too emotional cinema-goer. He weeps at scenes of defeat — gets up and cheers at victories —

In consequence he is thrown out but an ambition to join the Keystone Company now possesses him. He waylays members of the company on their arrival at the Stu[dio]

Chaplin contrives to gain admission to the Studio and ma[...]

Can hardly keep his hands off the screen villain —

and responds ardently to the gestures of the Keystone Girl (Peggy Pearce).

and mournfully compares his own girth with that of Roscoe Arbuckle.

Arbuckle proves to have a large heart (also).

a tour of inspection.

'A BUSY DAY' (1914)
Chaplin se viste de mujer para representar el papel de una esposa rebelde. Esta comedia se rodó en un día (lo que no era raro en una película de la Keystone) para que pudiesen filmar un desfile militar. / Chaplin si traveste da donna per impersonare una moglie bisbetica. La commedia fu realizzata in un giorno - fatto non inusuale per un film Keystone - in modo da girare durante una parata militare. / Chaplin veste-se de mulher para representar uma esposa rabugenta. Esta comédia foi feita num dia, o que era comum para um filme da Keystone, para que fosse possível filmar num desfile militar.

"Vicino c'era una stazione di taxi, con un vecchio personaggio che chiamavano 'Rummy' Binks, una notorietà da quelle parti... Quando vedevo Rummy trascinare i piedi sul marciapiedi e tenere il cavallo di un tassista per guadagnarsi un penny, rimanevo affascinato. Quella camminata era così buffa che cominciai a imitarla... La perfezionavo giorno dopo giorno. Diventò un'ossessione. Tutte le volte che mi mettevo a rifarla, le risate erano assicurate. Adesso, qualunque cosa possa fare di divertente, mi associano immediatamente a quella."
Charles Chaplin, 'McClure's Magazine' (1916)

'THE FACE ON THE BAR ROOM FLOOR' (1914)
Parodia del poema amoroso de Hugo Antoine d'Arcy, que estaba de moda por entonces. Está dirigida por Chaplin quien, lento pero seguro, se estaba haciendo con el control de todos los aspectos de su trabajo. / Una parodia di un poema d'amore di Hugh Antoine d'Arcy allora in voga. Dirige Chaplin, che sta lentamente ma con decisione acquisendo padronanza dei vari aspetti del mestiere. / Uma paródia a um poema, então na moda, de Hugh Antoine d'Arcy. É realizado por Chaplin, que recuperava lentamente o controlo de cada aspecto do seu trabalho.

"Havia uma paragem de táxi próxima e uma personagem velha chamada "Rummy" Binks era uma das suas características... Quando via o Rummy a correr pelo passeio para segurar no cavalo do homem do táxi por uma gorjeta de um tostão, fiquei fascinado. O andar era tão engraçado que tive de o imitar... Dia após dia, cultivei esse andar. Tornou-se uma obsessão. Sempre que o conseguia fazer, era gargalhada certa. Agora, independentemente do que eu possa fazer de mais engraçado, nunca conseguirei fugir desse andar."
Charles Chaplin, 'McClure's Magazine' (1916)

Shortly afterwards an unknown star appears at the Studio gates. Her arrival creates general exci[tement]

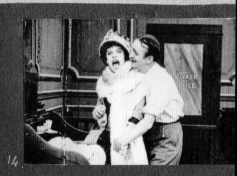

He presses a contract on her, and also his attentions.

and Chaplin stands revealed. The whole staff chases him, a

which is shared by the Production Manager.

Left alone for a moment the new Star disrobes,

he has to take refuge in a well.

"Chaplin es vulgar... Hay vulgaridad en las comedias de Aristófanes, y en las de Plauto y Terencio y los isabelinos, sin excluir a Shakespeare. Rabelais es vulgar, Fielding y Smollett y Swift son vulgares. Entre los grandes comediantes se encuentra vulgaridad sin fin. La vulgaridad y el arte distinguido pueden coexistir."
Minnie Maddern Fiske, actriz norteamericana, 1917

"Chaplin è volgare... C'è volgarità nelle commedie di Aristofane, ce n'è in quelle di Plauto, di Terenzio e degli Elisabettiani, Shakespeare compreso. Rabelais è volgare, Fielding e Smollett e Swift sono volgari. Tra i grandi commediografi la volgarità non ha fine. Volgarità ed eccellenza nell'arte possono coesistere."
Minnie Maddern Fiske, attrice americana, 1917

"Chaplin é vulgar ... Existe vulgaridade nas comédias de Aristófanes e nas de Plautus e Terence e nos Isabelinos, não excluindo Shakespeare. Rabelais é vulgar, Fielding e Smollett e Swift são vulgares. Entre os grandes comediantes existe uma vulgaridade interminável. A vulgaridade e a arte podem coexistir."
Minnie Maddern Fiske, actriz americana, 1917

'THE MASQUERADER' (1914)
El vagabundo se disfraza de estrella de cine para poder entrar en el estudio de la Keystone. /
Il vagabondo si traveste da stella del cinema per riuscire a entrare negli studi della Keystone. /
O vagabundo disfarça-se de estrela de cinema para conseguir acesso ao estúdio da Keystone.

'THE ROUNDERS' (1914)
Chaplin y el famoso cómico Roscoe 'Fatty' Arbuckle son borrachos que intentan dormir en un bote hundido. / Chaplin e il celebre comico Roscoe 'Fatty' Arbuckle sono degli ubriachi che cercano di dormire in una barca che affonda. / Chaplin e o famoso comediante Roscoe 'Fatty' Arbuckle são bêbedos que tentam adormecer num barco a afundar.

'GENTLEMEN OF NERVE' (1914)
Esta película improvisada en una pista de carreras muestra que la gente ya conoce a Charlie, y que se está haciendo famoso. / In questa pellicola improvvisata, girata in un autodromo, si vede come Charlie venga riconosciuto dalla folla e stia acquisendo notorietà. / Este filme improvisado nas corridas mostra que a multidão já reconhece Charlie e que este se está a tornar famoso.

P. 38/39
'HIS PREHISTORIC PAST' (1914)
Chaplin probó muchas ideas que usó con mayor sutileza en películas posteriores. En este caso, el vagabundo vuelve a la realidad justo a tiempo. / Chaplin provava varie trovate che avrebbe poi usato, con sapienti ritocchi, nei film successivi. Qui il vagabundo torna coi piedi per terra appena in tempo. / Chaplin experimentou muitas ideias que usou com grande mestria em filmes posteriores. Aqui o vagabundo regressa à realidade mesmo a tempo.

P. 40/41
CINEMA (1915)
Chaplin había conseguido fama mundial en sólo un año. / In un solo anno, Chaplin si era conquistato fama mondiale. / Chaplin logrou alcançar fama mundial em apenas um ano.

Swain is presumed dead and Chaplin

His popularity is interfered with by a rival

and by a stray arrow. Meanwhile Swain has reco and vows vengeance,

omes a popular hero.

for a short time only. But his courtship is disturbed by the incoming tide

which he soon performs. Chaplin is awakened by cramp.

"Me he ceñido a la comedia porque estoy convencido de que mi público está más satisfecho con eso que con cualquier otro tipo de producción. Intenté hacer drama una o dos veces, y no puedo decir que mis esfuerzos en esa dirección fuesen muy apreciados."
Charles Chaplin, 'The Strand Magazine' (Enero de 1918)

"Sono rimasto fedele alla commedia perché sono convinto che il mio pubblico trova più piacere in quella che in qualsiasi altro genere di produzione. Mi sono cimentato una o due volte nel 'dramma puro', ma non posso dire che i miei sforzi abbiano riscosso grande apprezzamento."
Charles Chaplin, 'The Strand Magazine' (gennaio 1918)

"Fiquei pela comédia porque estou convencido de que o meu público está melhor servido com ela do que com qualquer outro tipo de produção. Experimentei o 'drama convencional' uma vez ou outra e não posso dizer que os meus esforços nesse sentido tenham sido muito apreciados."
Charles Chaplin, 'The Strand Magazine' (Janeiro de 1918)

Tillie loses all self-restraint and

The Keystone Cops

into the sea,

'TILLIE'S PUNCTURED ROMANCE' (1914)
El primer largometraje cómico presentó a la actriz de teatro Marie Dressler, apoyada por los actores de cine Chaplin y Mabel Normand. / Il primo lungometraggio del genere slapstick vede come protagonista una stella del palcoscenico, Marie Dressler, affiancata da due celebrità del cinema come Chaplin e Mabel Normand. / A primeira longa-metragem de slapstick apresentava a estrela do teatro Marie Dressler apoiada pelas estrelas de cinema Chaplin e Mabel Normand.

sues Chaplin & Mabel with a revolver on to a jetty.

called out. Their erratic driving pushes Tillie

nd their car follows. Mabel & Chaplin watch with horror,

ESSANAY

1915–1916

'HIS NEW JOB' (1915)
Con el cómico bizco Ben Turpin. / Con il celebre comico strabico Ben Turpin. / Com o comediante estrábico Ben Turpin.

P. 44
'CHARLIE CHAPLIN'S BURLESQUE ON CARMEN' (1916)
Como Darn Hosiery. / Nei panni di Darn Hosiery. / Como Darn Hosiery.

'A NIGHT OUT' (1915)
Chaplin y Turpin son un par de borrachos dando vueltas por la ciudad. / Chaplin e Turpin sono due ubriachi in giro a fare baldoria. / Chaplin e Turpin encarnam um par de bêbedos que se divertem na cidade.

'IN THE PARK' (1915)
Otra película en el parque, esta vez con Edna Purviance y Ernest Van Pelt. Edna fue su actriz principal durante 8 años. / In un altro film ambientato nel parco, qui affiancato da Edna Purviance e Ernest Van Pelt. Edna rimase la sua primadonna per 8 anni. / Outro filme no 'parque', desta vez com Edna Purviance e Ernest Van Pelt. Edna permaneceu como sua actriz principal durante 8 anos.

'THE CHAMPION' (1915)
La primera muestra de Chaplin de su danzarina habilidad para el boxeo. / Chaplin offre una prima dimostrazione delle doti ballerine di boxeur. / A primeira demonstração das técnicas de boxe-ballet de Chaplin.

'A JITNEY ELOPEMENT' (1915)
Chaplin intenta salvar a su novia, Edna Purviance, de un matrimonio de conveniencia con Leo White. / Chaplin tenta di salvare la fidanzata Edna Purviance da un matrimonio combinato con Leo White. / Chaplin tenta salvar a sua amada Edna Purviance de um casamento arranjado com Leo White.

'THE TRAMP' (1915)
Chaplin cambió gradualmente el personaje del vagabundo para atenuar sus características irritantes y añadir más sentimiento. / Chaplin ridusse progressivamente le caratteristiche sgradevoli del vagabondo insinuandovi più sentimento. / Chaplin alterou gradualmente o Vagabundo para aligeirar as suas características desagradáveis e adicionar mais sentimento.

'BY THE SEA' (1915)
Un improvisado momento romántico en el paseo marítimo de Venice, California. / Un momento di romanticismo improvvisato sul molo di Venice, meta di divertimento sulla costa californiana. / Um momento romântico improvisado no pontão de diversões de Venice, na Califórnia.

'WORK' (1915)
Esta película muestra el despertar de la conciencia social de Chaplin, que usa la comedia para criticar la explotación de los trabajadores. / In questo film, sempre più attento alle problematiche sociali, Chaplin si serve del linguaggio comico per una critica allo sfruttamento dei lavoratori. / Este filme mostra o despertar da consciência social de Chaplin que utiliza a comédia para criticar a exploração dos trabalhadores.

P. 54
'THE FUNNY WONDER' (1915)
Tira cómica: La imagen de Chaplin se usó a menudo sin su conocimiento y sin pagar por ello. / Vignetta: L'icona comica di Chaplin è stata spesso utilizzata a sua insaputa e senza che ne percepisse alcun compenso. / Sequência cómica: A imagem lendária de Chaplin era frequentemente usada sem o seu conhecimento e sem qualquer pagamento.

P. 55
'THE FAMILY JOURNAL' (1915)
En 1915, el interés de la prensa mundial por Chaplin se apodó 'Chaplinitis'. / Per l'interesse che la stampa mondiale riversava in Chaplin nel 1915 fu coniato il termine 'Chaplinite'. / Em 1915 o interesse da imprensa mundial por Chaplin era designado por 'Chaplinite'.

CHARLIE CHAPLIN, the Scream of the Earth (*the famous Essanay Comedian*).

1. Here he 'is, readers! Good old Charlie! Absolutely IT! A scream from start to finish. What's he doing now, eh? "Twas here," says he, standing in a graceful posish. by an artistically designed coal-hole, with the faithful hound attached to his cane; "'Twas here I was to meet Maggie Phwpsta!" But see! A rival approaches!

2. Then the rival, one Esmond MacSydeslyppe Hugo Balscadden O'Chuckitupp—the rival, we repeat, did a bit of dirty work. Fact! He held forth a tempting bone, and Charlie's faithful hound cast the eye of approval on same. Bass rival! "Soon," says the chirpy Charlie, putting on another fag; "Soon she will be here. Oh, joy!"

3. But the hound, deciding to do the chew on the bone, legged it up the paving stones, taking Charlie's stick with him. And Charlie, with no visible means of support thus removed, did a graceful flop into said coal-hole just as the lovely Maggie appeared! "Charlie!" said she, with much sputtery. "What do you think you're doing?"

4. Ha! Enter the rival! "Don't you have anything to do with him, Maggie," says the rival; "He's absolutely sale price, he is. Marked down to one-and-nine-three-him! Come with me to some nook, where we may hold converse!"

5. So off they went to the nook, but Charlie was soon up and doing. Yes! He flopped along, soon coming upon the rival telling the tale of love to the beauteous one. "Ho!" says he. "Now to get a portion of my own back! Now for it!"

6. Well, the rival was just on the point of laying his riches at the damsel's dainty patent number two's, when Charlie, picking up a dustbin (full flavour) which happened to be handy, shoved it into his outstretched fin. Which did it—yes!

7. Up jumped the young person. Talk about the frozen eye! Wow! "Sir-r!" she said; "I did not come here to be entertained by such poltroonery. Please remove yourself forthwith. Your face causes me uneasiness! No explanations, please! Get hence and proceed to climb trees for mushrooms. All is over between us!" Or words to that effect. Then Charlie did the inward chuckle, and raised his hat with courtly grace.

8. And he did the affable and endearing chat that completely restored him to favour in the damsel's eyes. "Permit me to suggest," says this gallant old filbert, "a light lunch at the Café de Chancelit, with a jaunt on the merry old motor-'bus to follow. Having just received my quarterly allowance—not half—is well. Let us proceed!" And they did proceed—some! More news next week, so look out!

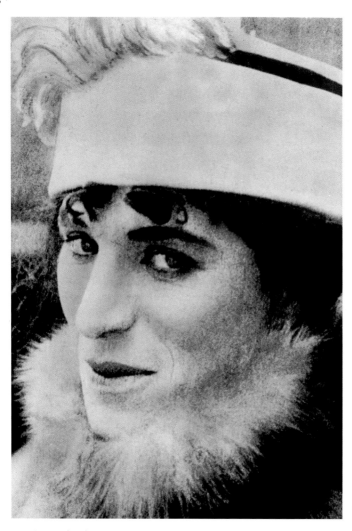

'A WOMAN' (1915)
La imitación femenina más lograda de Chaplin. /
La più riuscita tra le interpretazioni femminili di
Chaplin. / A melhor conseguida interpretação
feminina de Chaplin.

'THE BANK' (1915)
La cortesía del portero del banco es selectiva. El final triste aparecía por primera vez en una comedia y anticipa su estilo posterior. / La galanteria del custode di banca fa distinzioni. Il finale malinconico rappresenta un precedente assoluto per un film comico e anticipa il suo stile successivo. / A valentia do porteiro do banco é selectiva. O triste final foi uma estreia para um filme de comédia e antecipa o seu estilo posterior.

'A NIGHT IN THE SHOW' (1915)
Chaplin hace un papel doble en esta adaptación del sketch de Fred Karno 'Mumming Birds'. / Chaplin recita due parti in questo adattamento della comica di Fred Karno 'Mumming Birds'. / Chaplin representa papéis duplos nesta adaptação do 'Mumming Birds' de Fred Karno.

'SHANGHAIED' (1915)
Se alquilan los servicios de Charlie para que reclute forzosamente una tripulación, pero él mismo es secuestrado. Su gesto con la mano reaparecerá a lo largo de su carrera. / Assunto per convincere dei marinai a imbarcarsi, Charlie finisce imbarcato lui stesso. Il gesto della mano ritorna in tutti i suoi film. / Charlie é contratado para embriagar e embarcar uma tripulação, mas é ele próprio embriagado e embarcado. O gesto da sua mão é recorrente ao longo da sua carreira.

'CHARLIE CHAPLIN'S BURLESQUE ON CARMEN' (1916)
Al igual que ocurre hoy día, era común entonces que las comedias parodiasen éxitos contemporáneos; en este caso, se trata de 'Carmen', de Cecil B. DeMille. / Allora come oggi, era comune la parodia in chiave comica dei successi del momento, in questo caso la 'Carmen' di Cecil B. DeMille. / Então como agora, era comum as comédias parodiarem êxitos contemporâneos, neste caso a 'Carmen' de Cecil B. DeMille.

'POLICE' (1916)
Cuando Charlie sale de la cárcel, él y su antiguo compañero de celda (que se esconde detrás de Charlie), deciden robar la casa de Edna Purviance. / Quando Charlie esce di prigione, lui e il suo ex compagno di cella (nascosto dietro Charlie) decidono di svaligiare la casa di Edna Purviance. / Quando Charlie sai da prisão, ele e o seu ex-companheiro de cela (escondido por detrás de Charlie) decidem ir roubar a casa de Edna Purviance.

MUTUAL

1916–1917

'THE FLOORWALKER' (1916)
En el plató: Otro año, otro gran contrato. Chaplin recibió 10.000 dólares a la semana y el estudio Lone Star para su uso propio. En esa época los platós se construían al aire libre, cubriéndolos con muselina para difuminar la luz solar. Aquí, Chaplin está planeando 'Charlot encargado de bazar'. / Sul set: Anno nuovo, contratto nuovo... e più ricco. A Chaplin furono accordati 10.000 dollari a settimana, più la disponibilità dello studio della Lone Star. All'epoca i set venivano realizzati in palchi all'aperto, con dei teloni stesi in alto per diffondere la luce del sole. Qui Chaplin prepara 'Charlot caporeparto'. / No plateau: Outro ano, outro contrato milionário. Chaplin recebia $10.000 por semana e tinha o estúdio da Lone Star para brincar. Na altura os cenários eram construídos num palco ao ar livre com uma cobertura de musselina para difundir a luz do sol. Aqui Chaplin está a planificar 'The Floorwalker'.

P. 62
'THE ADVENTURER' (1917)
'La Anguila' (Chaplin) se encuentra delante de las narices del guardia de prisiones Frank J. Coleman. / 'L'Anguilla' (Chaplin) è proprio sotto il naso della guardia della prigione (Frank J. Coleman). / 'The Eel' Chaplin encontra-se mesmo debaixo do nariz do guarda da prisão Frank J. Coleman.

'THE FLOORWALKER' (1916)
Un momento de extravagante comedia en esta película de desfalcos e identidades cambiadas. / Momento slapstick in questa commedia di furto e scambio di identità. / Um momento de slapstick nesta comédia de desfalques e identidades trocadas.

"La realización de películas me proporciona una buena cantidad de emoción. La siento más como director y productor de lo que la siento como actor. Es la vieja satisfacción de que alguien está haciendo algo, formando algo que tiene un cuerpo."
Charles Chaplin, 'Adelphi Magazine' (Enero de 1925)

"Girare film mi dà un'enorme emozione. Più come regista e produttore che come attore. È un sentimento naturale, la soddisfazione di creare qualcosa, plasmare qualcosa che prende corpo e vive."
Charles Chaplin, 'Adelphi Magazine' (gennaio 1925)

"Divirto-me bastante a fazer filmes. Divirto-me mais como realizador e produtor do que como actor. É a velha satisfação que deriva de estarmos a fazer algo, a formar algo que tem corpo."
Charles Chaplin, 'Adelphi Magazine' (Janeiro de 1925)

'THE FIREMAN' (1916)
Charlie emprende el audaz rescate de su enamorada Edna. / Charlie compie un coraggioso salvataggio dell'amata Edna. / Charlie efectua um arriscado salvamento da sua amada Edna.

'THE FIREMAN' (1916)
Eric Campbell y Charlie intentan controlar la manguera. / Eric Campbell e Charlie tentano di addomesticare il manicotto dell'acqua. / Eric Campbell e Charlie tentam controlar a mangueira.

'THE VAGABOND' (1916)
Eric Campbell, el mejor villano de Chaplin, despacha a Charlie y amenaza a Edna. / Eric Campbell, la canaglia preferita di Chaplin, si sbarazza di lui e minaccia Edna. / Eric Campbell, o melhor vilão de Charlie, despacha Charlie e ameaça Edna.

"La acción se entiende mejor que las palabras. Levantar una ceja, aunque sólo sea un poco, puede decir más que cien palabras."
Charles Chaplin, 'The New York Times' (25 de enero 1931)

"Il significato di un gesto è in genere più comprensibile di quello delle parole. L'inarcarsi di un sopracciglio, anche appena accennato, può comunicare più di cento parole."
Charles Chaplin, 'The New York Times' (25 gennaio 1931)

"A acção é, regra geral, melhor compreendida do que as palavras. O erguer de uma sobrancelha, embora leve, pode transmitir mais do que cem palavras."
Charles Chaplin, 'The New York Times'
(25 de Janeiro de 1931)

'ONE A.M.' (1916)
En una virtuosa representación, Chaplin hace el papel de un borracho que llega a casa e intenta irse a dormir, pero todos los objetos de la casa se lo impiden. / In una scena che ha del virtuosismo, Chaplin recita la parte di un ubriaco che rincasa e tenta di andare a letto invano, impeditone da ogni oggetto che gli si para davanti. / Num desempenho de mestre, Chaplin representa um bêbedo que chega a casa e tenta ir para a cama, mas cada um dos objectos da casa é um obstáculo para atingir o seu objectivo.

'THE COUNT' (1916)
Charlie se disfraza de conde en una fiesta de disfraces, lo que le permite trabajar con uno de sus temas favoritos: el contraste entre ricos y pobres. / Mascherato da conte a una festa in costume, Charlie ha l'occasione per lavorare su uno dei suoi temi preferiti: i contrasti tra ricchi e poveri. / Charlie disfarça-se de conde num baile de máscaras, o que lhe permite trabalhar um dos seus temas favoritos: os contrastes entre os ricos e os pobres.

'THE PAWNSHOP' (1916)
Una escoba se convierte en taco de billar. Gran parte de la comedia de Chaplin surge al cambiar el uso de los objetos. / Una scopa diventa una stecca da biliardo. Molto spesso, in Chaplin il comico scaturisce dal mutare l'uso degli oggetti. / Uma vassoura transforma-se num taco. Muita da comédia de Chaplin provém da transformação do uso dos objectos.

'BEHIND THE SCREEN' (1916)
Edna Purviance se disfraza de chico para entrar en un estudio de grabación, donde Chaplin trabaja como regidor. / Edna Purviance si traveste da ragazzo per riuscire a entrare in uno studio cinematografico in cui Chaplin lavora come trovarobe. / Edna Purviance disfarça-se de rapaz para conseguir entrar num estúdio, onde Chaplin trabalha como paquete.

'THE RINK' (1916)
Chaplin desarrolló su habilidad en patinaje sobre ruedas con piruetas para el sketch de Fred Karno, 'Skating'. / Chaplin mette in mostra le sue abilità di danzatore sui pattini per la scenetta di Fred Karno 'Skating'. / Chaplin desenvolveu os seus dotes de patinagem bailada para 'Skating' de Fred Karno.

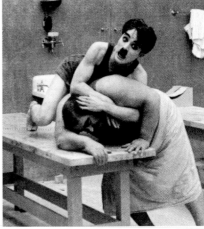

'THE CURE' (1917)
Un masaje se metamorfosea en un combate de lucha. / Un massaggio si trasforma in una lotta. / Uma massagem transforma-se num assalto de luta.

'EASY STREET' (1917)
Los criminales locales temen a Charlie luego de que éste intimide a Eric Campbell. El cruce en T que aparece en el decorado de la calle se basa en los recuerdos infantiles de South London, y fue un decorado que se imitaría en muchas de sus películas. / Dopo averla spuntata sul bullo Eric Campbell, Charlie mette paura ai balordi del luogo. L'incrocio a T della strada è un ricordo d'infanzia della South London ed è un elemento che ritorna in molti dei suoi film. / Os criminosos locais temem Charlie após ele ter vencido ao valentão Eric Campbell. O cruzamento da rua no cenário provém das memórias de infância de Charlie no Sudoeste de Londres, e este foi um cenário que seria reproduzido em muitos dos seus filmes.

'THE IMMIGRANT' (1917)
En el plató: Chaplin con su protector hermano mayor Sydney, que fue cómico y escritor. Mantuvieron una estrecha relación a lo largo de sus vidas. / Sul set: Chaplin con il paterno fratello maggiore Sydney, attore comico e scrittore. Il loro fu un rapporto di grande intimità per tutta la vita. / No plateau: Chaplin com o protector irmão mais velho, Sydney, que era um comediante e escritor. Eles mantiveram uma amizade muito próxima ao longo das suas vidas.

'THE ADVENTURER' (1917)
El periódico que revela que Commodore Slick es 'La Anguila'. / Il giornale rivela che Commodore Slick è 'l'Anguilla'. / O jornal que revela que Commodore Slick é o 'The Eel'.

FIRST NATIONAL

1918–1923

P. 78
'THE KID' (1921)
La imagen icónica, con el Chico (Jackie Coogan) y el policía (Tom Wilson). / L'icona comica di Chaplin, con il Monello (Jackie Coogan) e il poliziotto (Tom Wilson). / A imagem lendária com o Garoto (Jackie Coogan) e o polícia (Tom Wilson).

CHAPLIN STUDIO (C. 1920)
Esta vista aérea muestra el estudio Chaplin entre naranjales. / Una veduta aerea dello studio di Chaplin tra gli aranceti. / Esta vista aérea mostra o estúdio de Chaplin no meio de laranjais.

CHAPLIN STUDIO (1918)
Chaplin en lo alto del armazón de su nuevo estudio. / Chaplin domina dall'alto lo scheletro del suo nuovo studio. / Charlie no topo da estrutura do seu novo estúdio.

'HOW TO MAKE MOVIES' (1918)
Kevin Brownlow y David Gill editaron juntos una versión de esta película desechada, en la que Chaplin mostraba cómo hacía sus películas. En esta secuencia, Chaplin trabaja con Henry Bergman y Edna, mientras Tom Wilson y Loyal Underwood observan a la izquierda, y el cámara Rollie Totheroh está de pie detrás de Chaplin. / Kevin Brownlow e David Gill hanno curato un restauro di questa pellicola incompiuta, in cui Chaplin ci mostra in che modo girava i suoi film. In questa sequenza, Chaplin è al lavoro con Henry Bergman ed Edna, sotto gli occhi di Tom Wilson e Loyal Underwood a sinistra e, dietro, del cameraman Rollie. / Kevin Brownlow e David Gill editaram juntos uma versão deste filme abandonado, no qual Chaplin mostra como faz as suas películas. Nesta sequência, Chaplin trabalha com Henry Bergman e Edna, enquanto Tom Wilson e Loyal Underwood observam à esquerda e o operador de câmara Rollie Totheroh se encontra detrás de Chaplin.

'A DOG'S LIFE' (1918)
Chaplin estableció un paralelismo entre la vida del vagabundo, la de una chica en un salón de baile y la de un perro mestizo. Todos ellos llevaban 'una vida de perros'. / Chaplin tracciò un parallelo tra la vita del vagabondo, quella di una ragazza in una sala da ballo e quella di un bastardino. Tutti accomunati da 'una vita da cani'. / Chaplin esboçou um paralelo entre a vida do vagabundo, a vida de uma rapariga num salão de dança e a vida de um cão rafeiro. Todos eles viviam 'uma vida de cão'.

'THE BOND' (1918)
El vagabundo golpea al Kaiser (Sydney Chaplin) con un mazo que representa los Bonos de la Libertad. / Il vagabondo colpisce il Kaiser (Sydney Chaplin) con una mazza che simboleggia i Liberty Bonds. / O vagabundo golpeia o Kaiser (Sydney Chaplin) com um martelo-pilão que representa os Títulos do Tesouro da Liberdade.

CHARLIE CHAPLIN (1918)
Chaplin también contribuyó al esfuerzo de los EE.UU. en la guerra hablando en reuniones para la venta de bonos. Se tomaba sus discursos con seriedad y vendió millones de dólares en bonos. / Anche Chaplin dette il suo contributo agli sforzi bellici statunitensi parlando alle manifestazioni per la vendita dei buoni. Assumendosi questo compito con grande serietà, riuscì a procurare sottoscrizioni per milioni di dollari. / Chaplin também contribuiu para o esforço de guerra Americano discursando em manifestações para venda de títulos do Tesouro. Ele levava os seus discursos muito a sério e vendeu milhões de dólares em títulos do Tesouro.

P. 86/87
TARJETAS/CARTOLINE/CARTÃOS (C. 1918)

'SHOULDER ARMS' (1918)
Aunque hizo una comedia, muchos de los detalles de la vida en las trincheras eran más realistas que en las películas dramáticas de la época. / Anche se quella che girò era una commedia, molti dei dettagli della vita di trincea risultavano più realistici di quelli dei film drammatici dell'epoca. / Embora tivesse produzido uma comédia, muitos dos detalhes da vida nas trincheiras eram mais realistas do que nos filmes dramáticos da época.

'SHOULDER ARMS' (1918)
Chaplin se disfraza de oficial alemán para rescatar a Edna Purviance y a su amigo. / Chaplin si traveste da ufficiale tedesco per salvare Edna Purviance e il suo amico. / Chaplin disfarça-se de oficial alemão para salvar Edna Purviance e o seu amigo.

P. 90/91
'SUNNYSIDE' (1919)
Chaplin parodia el ballet de Nijinsky 'L'Après-midi d'un faune'. / Chaplin in una parodia del balletto 'L'Après-midi d'un faune' di Nijinsky. / Chaplin ridiculariza o bailado de Nijinsky 'L'Après-midi d'un faune'.

'A DAY'S PLEASURE (1919)
En el plató: Para un gag, un músico negro que toca en un barco se marea de tal forma que se pone blanco. Chaplin ayuda a aplicarle el maquillaje. / Sul set: In questa scenetta, un musicista nero che suona su una nave soffre talmente di mal di mare da diventare bianco. Qui Chaplin lo aiuta a mettersi il trucco. / No plateau: Apenas por diversão, um músico negro a tocar num barco enjoa de tal forma que fica branco. Aqui Chaplin ajuda na aplicação da maquilhagem.

"Una de las cosas que más rápidamente se aprenden en el trabajo teatral es que la gente, en su conjunto, obtiene satisfacción al ver al rico llevarse la peor parte. La razón estriba, por supuesto, en el hecho de que las nueve décimas partes de la población mundial son pobres, y secretamente se resienten por la riqueza de la otra décima parte."
Charles Chaplin, 'American Magazine' (1918)

'THE IDLE CLASS' (1921)
Chaplin hizo un doble papel, como vagabundo y como conquistador alcoholizado. / Chaplin recitava due parti, quella del vagabondo e quella di uno sciupafemmine alcolizzato. / Chaplin representou um duplo papel, como vagabundo e como mulherengo alcoólico.

"Una delle prime cose che impari facendo teatro è che il pubblico si diverte a vedere il ricco sbeffeggiato in ogni modo. La ragione, ovviamente, sta nel fatto che al mondo nove su dieci sono poveri e segretamente provano rancore per la ricchezza del decimo."
Charles Chaplin, 'American Magazine' (1918)

"Uma das coisas mais rapidamente aprendidas no trabalho teatral é que as pessoas na sua generalidade obtêm satisfação em verem os ricos terem a pior das sortes. O motivo para isto, como é óbvio, reside no facto de noventa por cento das pessoas do mundo serem pobres, e nutrirem um ressentimento secreto pela riqueza dos outros dez por cento."
Charles Chaplin, 'American Magazine' (1918)

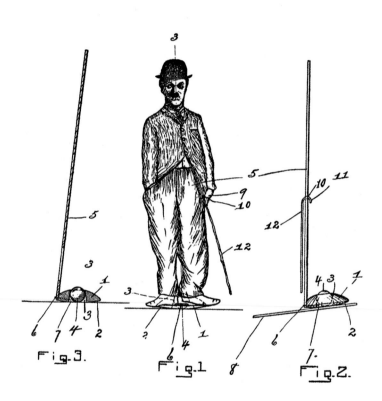

'PHOTOPLAY' MAGAZINE (1919)

PATENTE/BREVETTO (1916)
Chaplin no recibió una compensación económica por gran parte de los productos que llevaban su imagen. De hecho, hubo gente que se quejó de que ganaba mucho dinero. / Molte volte l'immagine di Chaplin fu sfruttata commercialmente senza che ne ricevesse alcun compenso. Anzi, molti si lagnavano del fatto che guadagnasse così tanto. / Chaplin não recebeu compensações financeiras por muito do merchandise que continha a sua imagem. Na verdade, algumas pessoas queixavam-se que ele recebia demasiado dinheiro.

"*Él es, indudablemente, un gran artista.* Con certeza, siempre representa una única figura: el débil, pobre, indefenso y torpe joven a quien, sin embargo, las cosas le salen bien al final. Pero, ¿piensas que en este papel se ha olvidado de su propio ego? Por el contrario, siempre se representa a sí mismo, tal como era en su juventud. No puede alejarse de esas impresiones y, hasta el día de hoy, obtiene para sí mismo la compensación por las frustraciones y humillaciones de ese antiguo período de su vida."
Sigmund Freud

"*È certamente un grande artista.* Ed è fuori di dubbio che ritrae sempre e solo la stessa figura: il ragazzo debole, povero, disgraziato e maldestro a cui comunque, alla fine, va sempre bene. Pensate forse che per impersonare questo ruolo si sia dimenticato del suo io? Al contrario, non fa che recitare se stesso come era nella sua prima, sfortunata giovinezza. Sono impressioni cui non può sfuggire e, così facendo, ancora oggi ottiene un risarcimento per le frustrazioni e le umiliazioni patite in quel periodo della sua vita."
Sigmund Freud

"Ele é sem dúvida alguma um grande artista; representou sempre uma e a mesma personagem; apenas o jovem fraco, pobre, desamparado e desastrado para quem, contudo, as coisas acabavam sempre bem. Mas se pensam que para este papel ele se esqueceu do seu próprio ego? Muito pelo contrário, ele representa-se sempre a si próprio na sua própria juventude deplorável. Ele não consegue fugir a essas recordações e até aos dias de hoje ele obtém para ele próprio a compensação pelas frustrações e humilhações dessa época passada da sua vida."
Sigmund Freud

'THE KID' (1921)
La película plasma los conmovedores recuerdos de la difícil infancia del propio Chaplin. / Il film dà corpo ad alcune memorie toccanti dell'infanzia tormentata di Chaplin. / O filme incorpora memórias pungentes da conturbada infância do próprio Chaplin.

'THE KID' (1921)
En el plató: Tras la trágica muerte de su hijo recién nacido, Chaplin se encontró con el actor infantil Jackie Coogan y construyó la historia del vagabundo y el niño abandonado. / Sul set: Dopo la tragica morte del figlio appena nato, Chaplin incontra l'attore bambino Jackie Coogan e crea la storia del vagabondo e del piccolo trovatello. / No plateau: Após a trágica morte do seu filho recém-nascido, Chaplin encontra o actor infantil Jackie Coogan e constrói a história do vagabundo e da criança abandonada.

'THE KID' (1921)
En el plató: Rodando la pelea de Jackie Coogan con el matón. / Sul set: Riprese della lotta tra Jackie Coogan e il bullo. / No plateau: Filmagem da luta de Jackie Coogan com o valentão.

'THE KID' (1921)
Ya que ha llegado a querer al niño, el vagabundo está desesperado por salvarlo del orfanato. / Affezionatosi al piccolo, il vagabondo è disposto a tutto pur di strapparlo all'orfanotrofio. / Tendo-se afeiçoado à criança, o vagabundo desespera para o salvar do orfanato.

"Ha convertido la comedia cinematográfica en sátira y crítica social, sin perder su sorprendente habilidad para hacernos reír... Chaplin, como la mayor parte de los artistas genuinos, es en el fondo un genial y gentil anarquista, y la risa que provoca sólo limpia y endulza el aire."
J.B. Priestley

"Ha trasformato il film comico in satira e critica sociale, senza perdere la sua sorprendente capacità di farci ridere... Dentro di sé Chaplin, come la maggior parte dei veri artisti, è un anarchico geniale e gentile e le risate che suscita rendono semplicemente l'aria più leggera, più amabile."
J.B. Priestley

"Ele transformou o cinema numa crítica e sátira social, sem perder a sua espantosa capacidade para nos fazer rir... Chaplin, à semelhança da maior parte dos verdadeiros artistas, é anarquista genial e suave e as gargalhadas que ele provoca apenas limpam e adoçam o ar."
J.B. Priestley

'THE KID' (1921)
El niño se salva. Uno de los momentos más emocionantes del cine. / Il piccolo è salvo. Uno dei momenti più emozionanti della storia del cinema. / A criança é salva. Um dos momentos mais emotivos da sétima arte.

'PAY DAY' (1922)
De forma excepcional, Chaplin hace el papel de un hombre trabajador, pero la película resultante es hilarante. / In via eccezionale Chaplin impersona un lavoratore, ma il risultato è esilarante. / Excepcionalmente Chaplin representa um trabalhador, mas o filme resultante é hilariante.

'THE PILGRIM' (1922)
Charlie, un preso fugado, asume el rol de pastor. / Charlie, evaso dalla prigione, si camuffa da prete. / Charlie, um condenado em fuga, assume o papel de padre.

UNITED ARTISTS

1923–1952

UNITED ARTISTS (1919)
Las mayores estrellas de cine del mundo firman el certificado de constitución: Douglas Fairbanks, Chaplin, Mary Pickford y el director D.W. Griffith. / I giganti del cinematografo firmano l'atto di costituzione della società: Douglas Fairbanks, Chaplin, Mary Pickford e il regista D.W. Griffith. / As maiores estrelas da sétima arte assinam o certificado de incorporação: Douglas Fairbanks, Chaplin, Mary Pickford e o realizador D.W. Griffith.

P. 104
'THE GREAT DICTATOR' (1940)
Adenoid Hynkel, Dictador de Tomania, sueña con dominar el mundo. / Adenoid Hynkel, Dittatore di Tomania, vagheggia il dominio del mondo. / Adenoid Hynkel, Ditador da Tomania, sonha com o domínio do mundo.

'A WOMAN OF PARIS' (1923)
En el plató: Chaplin escribió y dirigió este sofisticado drama para que fuese protagonizado por Edna Purviance. En él, una campesina entra en las capas más altas de la sociedad parisina al convertirse en la amante de Adolphe Menjou. / Sul set: Chaplin scrisse e diresse questo sofisticato dramma come un veicolo di celebrità per Edna Purviance. Qui, la ragazza di campagna si è inserita tra i ranghi dell'alta società parigina diventando l'amante di Adolphe Menjou. / No plateau: Chaplin escreveu e realizou este sofisticado drama como veículo para Edna Purviance. Aqui, a rapariga do campo alcança o topo da sociedade parisiense ao tornar-se amante de Adolphe Menjou.

'A WOMAN OF PARIS' (1923)
La película tiene algunas escenas de alto contenido erótico para la época, en las que se incluye un striptease durante una fiesta. / Il film ha alcune scene piuttosto audaci per l'epoca, incluso uno spogliarello durante una festa. / O filme incluía algumas cenas extremamente eróticas para a época, incluindo um striptease durante uma festa.

"Todo lo que hago es un baile. Pienso en términos de baile."
Charles Chaplin, 1968

"Tutto ciò che faccio è danza. Penso perfino in termini di danza."
Charles Chaplin, 1968

"Tudo o que eu faço é uma dança. Eu raciocino em termos de dança."
Charles Chaplin, 1968

P. 110/111
'THE GOLD RUSH' (1925)
Lugar en el que se rueda imitando las condiciones del Ártico en Truckee, California. / Riprese in esterni sotto condizioni artiche a Truckee, California. / Filmagem no local em condições geladas em Truckee, Califórnia.

'A WOMAN OF PARIS' (1923)
En el plató: Chaplin imita las acciones del personaje de modo que el actor pueda ver lo que él quería. / Sul set: Chaplin mima i gesti del personaggio per mostrare all'attore ciò che desidera ottenere. / No plateau: Chaplin exemplifica as acções da personagem para que o actor possa ver o que ele pretendia.

'THE GOLD RUSH' (1925)
En el plató: Mack Swain tiene tanta hambre que ve a Charlie como un pollo sabroso y gordo. En ese momento el sueño se hace realidad. / Sul set: Mack Swain è talmente affamato da vedere in Charlie un bel pollo paffuto. Il sogno si trasforma in realtà. / No plateau: Marc Swain está tão esfomeado que olha para Charlie como uma gostosa e suculenta galinha. Aqui o sonho torna-se realidade.

"Sin él yo nunca habría hecho una película. Junto con Keaton, era el maestro de todos nosotros. Su trabajo siempre es contemporáneo, y al mismo tiempo eterno, y lo que aportó al cine y a su época es irremplazable."
Jacques Tati

"Senza di lui non avrei mai fatto un film. Insieme a Keaton è stato il nostro grande maestro. La sua opera è sempre attuale ed eterna al tempo stesso e ciò che ha dato al cinema e alla sua epoca è unico."
Jacques Tati

"Sem ele, eu nunca teria feito um filme. Com Keaton ele era o mestre de todos nós. O seu trabalho é sempre actual, e mesmo assim eterno, e o que ele trouxe ao cinema e à sua época é insubstituível."
Jacques Tati

'THE GOLD RUSH' (1925)
El hambriento minero se come una bota hervida. Chaplin conoció el hambre cuando niño, y en muchas de sus películas aparece comiendo. / Il cercatore, ridotto alla fame, pranza con uno stivale bollito. Chaplin conobbe realmente la fame da bambino e molti dei suoi film lo ritraggono nell'atto del mangiare. / O pesquisador esfomeado come uma bota cozida. Chaplin conheceu a fome quando era criança e muitos dos seus filmes mostram-no a comer.

'THE GOLD RUSH' (1925)

La chica del salón de baile (Georgia Hale), flirtea con Chaplin para poner celoso a otro, pero Chaplin se lo toma en serio. / La ragazza del dancehall (Georgia Hale) finge di flirtare con Chaplin per fare ingelosire un altro uomo, ma Chaplin la prende sul serio. / A bailarina de salão (Georgia Hale) namorisca com Chaplin para fazer ciúmes a outro, mas Chaplin leva o namorisco muito a sério.

"Era tan maravilloso trabajar con él. No te importaba que te dijese todo el tiempo lo que tenías que hacer, cada detalle. Tenía una paciencia infinita con los actores, y era amable. Sabía exactamente lo que tenía que decir y hacer para conseguir lo que quería."
Georgia Hale, actriz principal en 'La quimera del oro'

'THE GOLD RUSH' (1925)
Enredado con un perro en la pista de baile. /
Aggrovigliato a un cane sulla pista da ballo. /
Emaranhado com um cão na pista de dança.

"Lavorare con lui era meraviglioso. Non ti curavi del fatto che stava lì a dirti cosa fare sempre, per ogni piccola cosa. Era infinitamente paziente con gli attori, gentile. Sapeva esattamente cosa dire e cosa fare per ottenere ciò che voleva."

"Era tão maravilhoso trabalhar com ele. Não nos importávamos que ele nos dissesse o que fazer a cada momento, cada pequeno detalhe. Ele tinha uma paciência interminável para os actores - era bondoso. Sabia exactamente o que dizer e o que fazer para conseguir o que queria."

'THE GOLD RUSH' (1925)
En el plató: Chaplin (en el centro) se muestra tenso mientras dirige a Mack Swain. Estaba totalmente involucrado con cada momento que aparecía en la pantalla. / Sul set: La concentrazione di Chaplin (al centro) mentre dirige Mack Swain. Il suo era un coinvolgimento totale, in ogni scena, in ogni fotogramma. / No plateau: Chaplin (ao centro) está tenso enquanto dirige Mack Swain. Ele estava totalmente envolvido em cada momento que aparecia no ecrã.

"Si eres listo, catalogas a Chaplin como a un hijo de perra. No siempre es así, pero puede serlo de vez en cuando. Pensé que era mejor comenzar con esa idea de él en la cabeza, de modo que cuando se comporte mal no suponga la conmoción que de otro modo sería, y todo su buen comportamiento resulte una agradable sorpresa."
Eddie Sutherland, ayudante en 'La quimera del oro'

"Se sei furbo, archivi Chaplin alla rubrica 'figli di buona donna'. Non sempre lo era, ma a volte sapeva esserlo. Pensai perciò di mettermi bene in mente quell'etichetta, così che quando si fosse comportato male non sarebbe stato lo choc che avrebbe potuto essere, mentre le sue buone maniere sarebbero invece state una piacevole sorpresa."
Eddie Sutherland, assistante in 'La febbre dell'oro'

"Se forem espertos classificarão o Chaplin como um sacana. Ele nem sempre o é, mas pode sê-lo ocasionalmente. Acho melhor começar com esta ideia inicial sobre ele em mente, pois assim quando ele se comporta mal, não será um choque tão grande, e todo o seu bom comportamento dele surgirá como uma agradável surpresa."
Eddie Sutherland, assistente em 'A quimera do ouro'

'THE GOLD RUSH' (1925)
En el plató: El director-actor revela su irritación. Chaplin podía retomar y trabajar las escenas una y otra vez hasta que fluían sin esfuerzo en la narración principal. / Sul set: L'attore-regista rivela la sua irritazione. Chaplin rigirava e ritoccava le scene finché non scorrevano con naturalezza nel filo della trama. / No plateau: O realizador/actor mostra a sua irritação. Chaplin filmava e trabalhava as cenas vezes sem conta até que estas fluíssem facilmente na narrativa principal.

'THE CIRCUS' (1928)
Charlie planea robarle la comida a un bebé. / Charlie escogita un modo per sottrarre il cibo al bambino. / Charlie planeia roubar comida de um bebé.

'THE CIRCUS' (1928)
En el plató: Grabando con dos cámaras, para hacerse con dos negativos. / Sul set: Riprese con due cineprese per ottenere due negativi. / No plateau: Filmagem com duas câmaras para obter dois negativos.

'THE CIRCUS' (1928)
En el plató: Chaplin trepa sin esfuerzo por un poste mientras escapa. / Sul set: Chaplin in fuga si arrampica senza sforzo su un palo. / No plateau: Chaplin sobe sem esforço a um mastro durante uma fuga.

'THE CIRCUS' (1928)
Con la maltratada hija del jefe de pista (Merna Kennedy). / Con Merna Kennedy, figlia e vittima dei maltrattamenti del direttore del circo. / Com a filha maltratada do director de circo (Merna Kennedy).

'THE CIRCUS' (1928)
Sketch de producción: Charles D. Hall captura la peligrosa naturaleza del caminar sobre la cuerda floja. / Bozzetto di scena: Tutto il pericolo del numero di equilibrismo sulla fune catturato da Charles D. Hall. / Desenho de produção: Charles D. Hall capta o perigo de andar na corda bamba.

"[Él era] una especie de Adán, de quien todos descendían... Había dos caras de su personalidad: el vagabundo, pero también el aristócrata solitario, el profeta, el sacerdote y el poeta."
Federico Fellini

'THE CIRCUS' (1928)
Los monos desbaratan el debut de Charlie como equilibrista. / Le scimmie movimentano il debutto di Charlie sulla fune. / Os macacos perturbam a estreia de Charlie a andar na corda bamba.

"[Era] una specie di Adamo, dal quale tutti noi discendiamo... La sua personalità si componeva di due aspetti distinti; il vagabondo, ma anche l'aristocratico solitario, il profeta, il prete e il poeta."
Federico Fellini

"[Ele era] uma espécie de Adão, do qual todos descendemos ... Existem dois aspectos da sua personalidade; o vagabundo, mas também o aristocrata solitário, o profeta, o padre e o poeta."
Federico Fellini

'THE CIRCUS' (1928)
En el plató: Chaplin aprendió a caminar en la cuerda floja para la película, ¡empezando desde abajo! / Sul set: Chaplin imparò a camminare sulla fune per le riprese del film, cominciando dal basso... / No plateau: Charlie aprende a andar na corda bamba para o filme, começando por baixo!

'THE CIRCUS' (1928)
En el plató: Grabando la secuencia con los monos en la cuerda floja. / Sul set: Durante le riprese della convulsa sequenza del numero sulla fune con le scimmie. / No plateau: Filmagem da sequência na corda perturbada pelo macaco.

BROMA/SCHERZO/PILHÉRIA (C. 1928)
Harry Crocker y Henry Bergman están en medio. / Con, al centro, Harry Crocker e Henry Bergman. / Harry Crocker e Henry Bergman encontram-se no meio.

'THE CIRCUS' (1928)
En el plató: Todavía caracterizado, minutos después de que el fuego destruyese el decorado. / Sul set: Ancora in costume, pochi minuti dopo che un incendio ha distrutto il set. / No plateau: Ainda disfarçado, minutes após o fogo ter destruído o cenário.

'CITY LIGHTS' (1931)
El vagabundo se enreda con la estatua cívica de Paz y Prosperidad. / Il vagabondo rimane aggrovigliato alla statua della Pace e della Prosperità. / O vagabundo vê-se envolvido no estatuto cívico de Paz e Prosperidade.

'CITY LIGHTS' (1931)
El vagabundo salva la vida de un millonario alcoholizado y suicida (Harry Myers) y ambos se convierten en compañeros de copas. / Il vagabondo salva la vita a un milionario alcolizzato deciso a farla finita (Harry Myers) e diventa suo compagno di bevute. / O vagabundo salva a vida de um milionário alcoólico suicida (Harry Myers) e tornam-se companheiros de copos.

'CITY LIGHTS' (1931)
En el plató: Chaplin imita la escena para Virginia Cherrill, que hace el papel de florista ciega. / Sul set: Chaplin mima la scena per Virginia Cherrill, che recita la parte della fioraia cieca. / No plateau: Chaplin exemplifica a cena para Virginia Cherrill, que interpreta uma florista cega.

"Como muchos autócratas hechos a sí mismos, Chaplin exigía una obediencia incondicional de sus asociados; años de deferencia instantánea a su punto de vista lo habían persuadido de que era el único que importaba."
David Raksin

'CITY LIGHTS' (1931)
En el plató: Filmando a Virginia Cherrill. / Sul set: Ripresa della scena con Virginia Cherrill. / No plateau: Filmagem da Virginia Cherrill.

"Come molti autocrati che si sono fatti da soli, Chaplin pretendeva obbedienza assoluta dai suoi collaboratori; anni di deferenza incondizionata in tal senso lo hanno persuaso che l'unica cosa che importava era lui stesso."
David Raksin

"À semelhança de muitos autocratas feitos às suas próprias custas, Chaplin exigia uma obediência inquestionável dos seus associados; anos de deferência imediata aos seus pontos de vista tinham-no convencido de que era o único que importava."
David Raksin

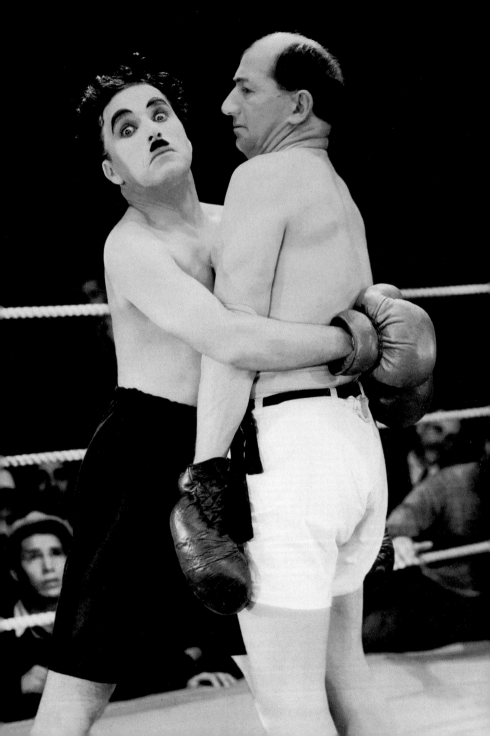

'CITY LIGHTS' (1931)
El vagabundo necesita ganar dinero para pagar una operación que devuelva la vista a la chica, de modo que acuerda pelear con Hank Mann por el dinero del premio. / Il vagabondo, nel tentativo di trovare i soldi con cui pagare alla ragazza un'operazione per riacquistare la vista, accetta di battersi contro Hank Mann per denaro. / O vagabundo percisa de ganhar de dinheiro para uma operação para restabelecer a vista de uma rapariga, por isso aceita lutar com Hank Mann pelo dinheiro do prémio.

'CITY LIGHTS' (1931)
Chaplin le da un cabezazo a Mann en el plexo solar. La secuencia de boxeo quedó como una de las favoritas de Chaplin. / Chaplin assesta una testata al plesso solare di Mann. La sequenza sul ring rimase una delle preferite di Chaplin. / Chaplin dá uma cabeçada n a testa de Mann. A sequência de boxe tornou-se uma das preferidas de Chaplin.

'CITY LIGHTS' (1931)
Estreno: Con Albert Einstein y su esposa. / Alla prima con Albert Einstein e signora. / Estreia: Com Albert Einstein e a esposa.

'NICE AND FRIENDLY' (1922)
Cuando Lord y Lady Montbatten llegaron de visita desde Inglaterra, Chaplin hizo una corta película casera, que no se estrenó, como regalo de bodas. / Chaplin girò un cortometraggio, inedito, come regalo di nozze per Lord e Lady Montbatten, in visita dall'Inghilterra. / Quando o Lorde e Lady Montbatten fazem uma visita de Inglaterra, Chaplin produz um filme caseiro inédito como presente de casamento.

P. 136/137
'NEW MOVIE MAGAZINE' (NOVIEMBRE/NOVEMBRE/NOVEMBRO 1931)
La vida privada de Chaplin fascinaba a la prensa. / La vita privata di Chaplin affascinava la stampa. / A vida privada de Chaplin fascina a imprensa.

P. 138/139
'MODERN TIMES' (1936)
Chaplin estaba muy preocupado por el efecto que la industrialización y el capitalismo tenían en la clase trabajadora mundial, de modo que hizo una comedia imbuida con sus ideas. / Sinceramente preoccupato degli effetti che l'industrializzazione e il capitalismo giocavano sui lavoratori di tutto il mondo, Chaplin riversò in una commedia queste inquietudini. / Chaplin estava muito preocupado com o efeito da industrialização e do capitalismo nas pessoas trabalhadoras de todo o mundo, por isso realizou uma comédia recheada com as suas ideias.

Chaplin Buries his LOVE

Charlie Chaplin's romances have cost him great fortunes. He paid over $100,000 for his freedom from Mildred Harris. His divorce from Lita Grey ran a cost of over a million. No wonder Chaplin exclaims bitterly: "I shall never marry again."

Past Middle Age, Possessing a Great Fortune, the Famous Comedian Says There Will Be No More Romance in His Life

By A. L. WOOLDRIDGE

ONE year ago, in September, Charlie Chaplin in his studio office signed his name to a check for $50,000, glanced at it briefly, then tossed it into the basket along with other letters to be mailed.

Fifty thousand dollars, the last of a $625,000 cash alimony payment to Lita Grey! There remained two more years during which he must place to her credit $1,000 a month. Next year he will establish a trust fund of $200,000 for the two sons Lita bore him and the slate will be clean. Eight hundred and fifty thousand dollars for a wife of less than two years; more than a million, counting costs, for a mistake he will remember the rest of his life.

"I shall never marry again," he said to me one day when the settlement with Lita had been adjusted. "This is the finish."

It wasn't the loss of the million which hurt. He had other millions at his command. It was the feeling that he was alone in the world, rich, yet unloved by any wholesome, honest young woman to whom he could turn with pride. His marriages to Mildred Harris and Lita Grey had left him miserable—hating the fate and circumstances which brought them together. "I shall never marry again!" he said.

I believe he meant it. I believe he means it still. The story coming recently from France that he was enamoured of Mizzi Muller, a Czecho-Slovakian girl, was totally unwarranted. She was his secretary-interpreter, nothing more.

TWICE—and only twice, I happen to know—has Charlie been really in love. One occasion is only a memory, yet it is to that memory he oftenest turns now in hours of retrospection. He never has and never will forget little Hetty Kelly, the girl he knew in London streets during the days when both were poor. Whenever he goes to London, he still takes time to

The children of Charlie Chaplin and Lita Grey Chaplin: Charles and Spencer. Chaplin seldom sees his children now. He provides for them handsomely but there is naught of the love which centered about "The Little Mouse," child of his first marriage.

Pacific and Atlantic Photos

THREE WOMEN WHO PLAYED A VITAL PART IN CHAPLIN'S LIFE

Top (left) Myrna Kennedy; top right, Georgia Hale; center, Pola Negri. Chaplin's greatest friendship has been and is with Miss Hale, who played with him in "The Gold Rush." She understands his moods and temperament.

visit the places where he and Hetty, hardly more than children, dreamed their dreams of love and envisioned the time when they could earn enough to be married. No woman ever has displaced the image of her which Chaplin still holds in his heart. No one ever will. Yet he never mentions her name. Once in his book, "My Trip Abroad," written in 1922, he told the story of Hetty—told it frankly, honestly, then closed the chapter forever, so far as its recital to the outside world is concerned.

"The taxi is going up Kennington Road, along Kennington Park," he wrote. "Kennington Park! How depressing Kennington Park is. How depressing to me are all parks. The loneliness of them. One never goes to a park unless one is lonesome. And lonesomeness is sad. The symbol of sadness, that's a park.

"But I am fascinated with it now. I am lonesome and want to be. I want to commune with myself and the years that are gone. The years that were passed in the shadow of this same Kennington Park. I want to sit on its benches again in spite of their treacherous bleakness, in spite of the drabness.

"Kennington Gate. That has its memories. Sad, sweet, rapidly recurring memories. 'Twas here, my first appointment with Hetty. How I was dolled up in my little tight-fitting frock coat, hat and cane! I was quite the dude as I watched every street car until four o'clock, waiting for Hetty to step off, smiling as she saw me waiting.

"I get out and stand there for a few moments at Kennington Gate. . . .

"The Little Mouse," tragic child of Chaplin's union with Mildred Harris, lies buried in Inglewood Cemetery. The little grave is by the side of a pool shaded by the boughs of pepper trees.

I am seeing a lad of nineteen, dressed in the pink, with fluttering heart, waiting, waiting for the moment of the day when he and happiness walked along the road.

"The road is so alluring now. It beckons for another walk, and as I hear a street car approaching I turn eagerly, for the moment almost expecting to see the same trim Hetty step off, smiling.

"The car stops. A couple of men get off. An old woman. Some children. But no Hetty.

"Hetty is gone. So is the lad with the tight-fitting frock coat and the little cane."

THERE Charlie lets the story of Hetty end. The ensuing tragedy, he omits. What he might have added was that when he came to America in 1909 to appear in the burlesque skit, "A Night in a London Music Hall," Hetty was dancing in the chorus of a revue. When he prepared to board the boat, she tearfully placed her arms about his neck and bade him goodbye and godspeed and they again plighted their troth, as both of their hearts ached.

"I'll be back for you!" Charlie said.

Thereafter Hetty's sister, Edith, married Frank Gould, the son of the American multi-millionaire, Jay Gould, and Hetty soon was clothed in silks and her fingers bejeweled. When Charlie's New York engagement ended two years later he hurried back to London, his purse containing more than it ever had held in all his life. He was going right back to his Hetty, the girl in little cheap dresses, unsophisticated, unspoiled, and still obscure.

"My Hetty!" he said in his eagerness.

Alas for his illusions! Time and circumstance had made a change just as time and circumstance always make a change. The little dancing chorus girl in her almost shabby dresses had been transformed into a

(*Please turn to page* 82)

The New Movie Magazine, November, 1931

'MODERN TIMES' (1936)
Sketch de producción / Bozzetto di scena / Desenho de produção

'MODERN TIMES' (1936)
Chaplin en la fábrica usada en la película. / Chaplin nella fabbrica utilizzata nel film. / Chaplin na fábrica usada no filme.

'MODERN TIMES' (1936)
En el plató: Arreglando el traje y el maquillaje de Paulette Goddard. / Sul set: Mentre sistema il costume e il trucco di Paulette Goddard. / No plateau: Efectuando ajustes ao fato de Goddard e à maquilhagem.

'MODERN TIMES' (1936)
Un involuntario baño matutino. / Un involontario bagno mattutino. / Um mergulho matinal involuntário.

'MODERN TIMES' (1936)
El trabajador se vuelve loco con la incesante cadena de producción. / L'operaio alienato dal ritmo senza soste della catena di montaggio. / O trabalhador é levado à loucura devido à incessante linha de produção.

"No soy comunista. Soy un ser humano y creo que conozco las reacciones de los seres humanos. Los comunistas no se diferencian de los demás: si pierden un brazo o una pierna sufren como todos sufrimos, y mueren al igual que el resto de nosotros. La madre comunista es como cualquier madre. Cuando recibe la trágica noticia de que sus hijos no regresarán, llora como lloran las madres. No tengo que ser comunista para saber eso. Y en este momento las madres rusas lloran y sus hijos mueren..."
Charles Chaplin, San Francisco, mayo de 1942

'MODERN TIMES' (1936)
Charlie, involuntariamente, se convierte en el líder de una manifestación comunista. / Charlie diviene involontariamente il capo della contestazione comunista. / Charlie torna-se, inadvertidamente, no líder da demonstração Comunista.

"Non sono un comunista. Sono un essere umano e penso di conoscere le reazioni degli esseri umani. I comunisti non sono diversi dagli altri: se perdono un braccio o una gamba, soffrono come tutti noi, e muoiono come tutti noi. E una madre comunista non è diversa dalle altre madri. Quando le danno la tragica notizia che suo figlio non farà ritorno, piange come piange ogni altra madre. Non ho bisogno di essere un comunista per sapere questo. E in questo momento le madri russe stanno piangendo tanto e i loro figli morendo in tanti..."
Charles Chaplin, San Francisco, maggio 1942

"Eu não sou um Comunista. Eu sou um ser humano e acho que conheço as reacções dos seres humanos. Os Comunistas não são diferentes de outras pessoas; quer percam um braço ou uma perna, sofrem como todos nós e morrem como todos nós morremos. E a mãe do Comunista é igual a qualquer outra mãe. Quando recebe a notícia trágica de que os seus filhos não irão regressar, ela chora tal como qualquer outra mãe chora. E neste momento, as mães russas estão a chorar bastante e os seus filhos estão a morrer bastante..."
Charles Chaplin, San Francisco, Maio de 1942

'THE GREAT DICTATOR' (1940)
Chaplin hace el papel de un barbero judío que es un héroe durante la Primera Guerra Mundial, antes de perder la memoria. / Chaplin nei ruoli di un barbiere ebreo che, eroe della prima guerra mondiale, perde successivamente la memoria. / Charlie representa o barbeiro judeu que é um herói durante a Primeira Guerra Mundial antes de perder a memória.

'THE GREAT DICTATOR' (1940)
En el plató: Chaplin, caracterizado como el dictador Adenoid Hynkel, inspecciona la ubicación de la cámara. / Sul set: Chaplin, con il costume del dittatore Adenoid Hynkel, verifica l'impostazione della cinepresa. / No plateau: Chaplin, disfarçado de ditador Adenoid Hynkel, inspecciona a montagem da câmara.

P. 148/149
'THE GREAT DICTATOR' (1940)
En el plató: Grabando la secuencia del rally. Aunque 'Tiempos modernos' fue la primera película sonora de Chaplin, sólo cantó en ella una canción sin sentido. En esta película es donde habló por primera vez. / Sul set: Durante le riprese del raduno. Il primo film sonoro di Chaplin è 'Tempi moderni': ma, mentre lì cantava con parole prive di senso, è in questo film che parla per la prima volta. / No plateau: Filmagem da sequência de rally. Embora 'Tempos modernos' fosse a primeira película sonora de Chaplin, ele apenas canta nela uma canção tola. Esta é a película onde ele aparece a falar pela primeira vez.

'THE GREAT DICTATOR' (1940)
¡Demasiado tarde! ¡Los guardias los han encontrado! / Troppo tardi! Le Sturmtruppen lo hanno scoperto! / Tarde demais! Foram descobertos!

'THE GREAT DICTATOR' (1940)
El barbero judío no se da cuenta de que los fascistas están persiguiendo a los judíos. Paulette Goddard le advierte que guarde silencio. / Il barbiere ebreo non sa che i fascisti stanno perseguitando quelli della sua razza. Paulette Goddard lo avverte di non fiatare. / O barbeiro judeu não sabe que esses fascistas estão a perseguir os judeus. Paulette Goddard avisa-o para se manter quieto.

'THE GREAT DICTATOR' (1940)
Adenoid Hynkel recurre a medios poco diplomáticos con el dictador visitante, Benzini Napaloni (Jack Oakie). / Adenoid Hynkle, in visita al dittatore Benzini Napaloni (Jack Oakie), ricorre a mezzi non proprio diplomatici. / Adenoid Hynkel recorre a meios pouco diplomáticos com o ditador visitante Benzini Napaloni (Jack Oakie).

> "Charles Chaplin es el único artista que conoce el arma secreta de la risa mortal. No es la risa de una pulla superficial que, de forma auto-complaciente, subestima al enemigo e ignora el peligro, sino la risa profunda del sabio que desprecia la violencia física, incluso la amenaza de muerte, porque tras ella ha descubierto la debilidad espiritual, la estupidez y falsedad de su antagonista."
> Rudolph Arnheim acerca de 'El gran dictador'

'THE GREAT DICTATOR' (1940)
El dictador recorre la pista de baile con el paso de la oca. / Il dittatore infiamma la pista da ballo con il passo dell'oca. / O ditador incendeia o salão de dança com o passo de ganso.

"Charles Chaplin è l'unico artista in possesso dell'arma segreta che fa morire dal ridere. Non la risata generata dallo sberleffo superficiale e autocompiacente dettato dalla sottovalutazione dell'avversario e dall'ignoranza del pericolo, ma piuttosto il riso profondo del saggio che disprezza la violenza fisica, perfino la minaccia della morte, perché, dietro questa, ha scoperto la debolezza spirituale, la stupidità e la falsità del suo antagonista."
Rudolph Arnheim su 'Il grande dittatore'

"Charles Chaplin é o único artista que detém a arma secreta do riso mortal. Não o riso da gargalhada fácil que subestima de forma autocomplacente o inimigo e ignora o perigo, mas antes o riso profundo do sábio que despreza a violência física, mesmo a ameaça de morte, porque por detrás disso ele descobriu a fraqueza espiritual, a estupidez e a falsidade do seu antagonismo."
Rudolph Arnheim acerca de 'O grande ditador'

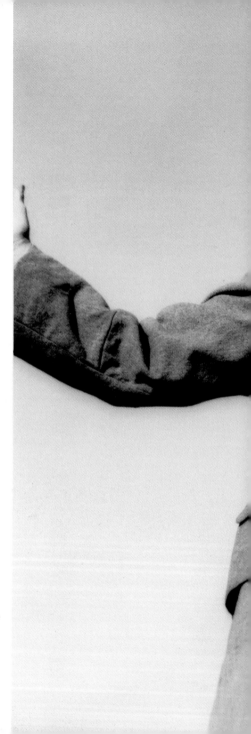

'THE GREAT DICTATOR' (1940)

Chaplin da dos discursos: uno como el dictador, diciendo que va a aplastar a los judíos, y el otro como el barbero, diciendo que debemos amarnos y tolerarnos los unos a los otros. El ritmo y la pasión de ambos discursos sean similares. / Chaplin pronuncia due discorsi: uno come dittatore, quando promette di schiacciare gli ebrei, l'altro nei panni del barbiere, quando invita al bene e alla tolleranza reciproci. I due discorsi hanno un ritmo e una passione simili. / Chaplin faz dois discursos, um como ditador dizendo que irá esmagar os judeus, e outro como barbeiro dizendo que nos devemos amar e tolerar uns aos outros. O ritmo e a paixão de ambos os discursos são muito semelhantes.

'MONSIEUR VERDOUX' (1947)
Verdoux (Chaplin) cree que ha tomado el veneno que estaba destinado a Annabella Bonheur (Martha Raye). / Verdoux (Chaplin) crede di avere bevuto il veleno destinato ad Annabella Bonheur (Martha Raye). / O Barba Azul (Chaplin) acredita ter ingerido o veneno destinado a Annabella Bonheur (Martha Raye).

'MONSIEUR VERDOUX' (1947)
En el plató: El director francés Robert Florey (derecha) proporcionó la información técnica acerca de los escenarios franceses que aparecían en la película. / Sul set: Il regista francese Robert Florey (a destra) era ben lieto di offrire la sua consulenza sull'ambientazione francese del film. / No plateau: O realizador francês Robert Florey (direita) estava feliz por fornecer informações técnicas sobre os cenários franceses do filme.

P. 158/159
'MONSIEUR VERDOUX' (1947)
En el plató: Verdoux había asesinado con éxito a unas cuantas esposas por su dinero, pero todo intento de acabar con Annabella termina en desastre. / Sul set: Verdoux si è già sbarazzato di molte mogli per impadronirsi del loro denaro, ma ogni tentativo ai danni di Annabella si rivela disastroso. / No plateau: O Barba Azul tinha sido bem sucedido ao assassinar uma série de esposas pelo seu dinheiro, mas cada tentativa com Annabella resulta desastrosa.

'MONSIEUR VERDOUX' (1947)
Verdoux va a la guillotina. / Verdoux va alla ghigliottina. / O Barba Azul vai para a guilhotina.

'MONSIEUR VERDOUX' (1947)
En el plató: En su discurso final, Chaplin dice que como asesino en masa es un aficionado, si se le compara con el mundo político. / Sul set: Nel suo discorso finale, Chaplin afferma che un assassino seriale è un dilettante se giudicato con il metro della politica. / No plateau: No seu discurso final, Chaplin diz que como assassino em série ele é um amador comparativamente com o mundo da política.

"Por un asesinato se es un villano; por millones, un héroe. Los números santifican, amigo mío."
Monsieur Verdoux, 'Monsieur Verdoux' (1946)

"Un assassinio e siete un bandito, milioni di morti e siete un eroe. I numeri santificano, amico mio."
Monsieur Verdoux, 'Monsieur Verdoux' (1946)

"Um crime faz um vilão ... milhões fazem um herói. Os números santificam, meu bom amigo."
O Barba Azul, 'O Barba Azul' (1946)

'LIMELIGHT' (1952)
La edad deja paso a la juventud... El cómico Calvero (Chaplin) es abandonado tras 'morir' en el escenario cuando la bailarina Thereza (Claire Bloom) recupera el uso de sus piernas. / Largo ai giovani... Mentre il comico Calvero (Chaplin) sfinito e disperato dopo essere 'morto' sul palcoscenico, la ballerina Terry (Claire Bloom) riacquista l'uso delle gambe. / A idade abre o caminho para a juventude... O comediante Calvero (Chaplin) é esquecido depois de 'morrer' em palco ao mesmo tempo que a dançarina Thereza (Claire Bloom) volta a ganhar uso das suas pernas.

'LIMELIGHT' (1952)
Thereza sufre miedo escénico antes de su gran representación, de modo que Calvero la empuja al escenario. Dependen el uno del otro. / Terry è colta dal panico da palcoscenico e Calvero con le maniere forti la fa uscire allo scoperto. Il loro è un rapporto di reciproco sostegno. / Thereza tem medo do palco antes da sua grande estreia, por isso Calvero esbofeteia-a em palco. Eles dependem um do outro.

P. 164/165
'LIMELIGHT' (1952)
En el plató: Chaplin (en el centro, con pelo blanco), planea la escena de apertura del ballet, con el ayudante de dirección Robert Aldrich tras él, con gafas. / Sul set: Chaplin (al centro, con i capelli bianchi) pianifica la scena di apertura del balletto. Dietro di lui, con gli occhiali, l'assistente alla regia Robert Aldrich. / No plateau: Chaplin (ao centro, cabelo branco) planeia a cena de abertura do ballet, com o realizador Robert Aldrich por detrás dele com óculos.

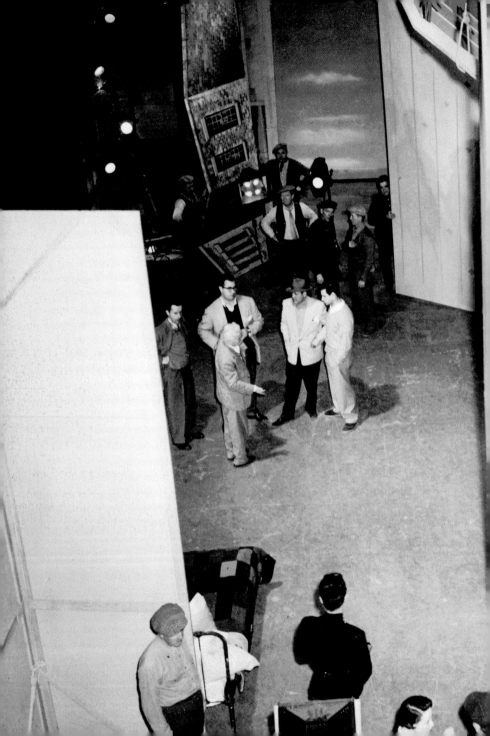

'LIMELIGHT' (1952)

Chaplin como el payaso del ballet, con su hijo Charles, Jr. como el policía, y su hermano Wheeler Dryden como el otro payaso. / Chaplin nei panni del clown durante il balletto, con il figlio Charles Jr. nel ruolo del poliziotto e il fratello Wheeler Dryden in quello del secondo clown. / Chaplin como palhaço no ballet, com o seu filho Charles, Jr. Como polícia e o seu irmão Wheeler Dryden como o outro palhaço.

"Nunca podremos admirar lo suficiente su conocimiento del detalle, la exacta precisión que cada una de sus películas representa, y que es quizás la esencia de su genio: un elemento incluso más importante que su arte cómico."
Buster Keaton, 1952

'LIMELIGHT' (1952)
En su representación final, con la ayuda de Buster Keaton, Calvero tiene un gran éxito con la multitud. / Nel numero finale, assistito da Buster Keaton, Calvero manda in delirio il pubblico. / No seu último desempenho, assistido por Buster Keaton, Calvero é um sucesso com a multidão.

"Non potremo mai smettere di ammirare la sua aderenza al dettaglio, la precisione che ognuno dei suoi film rappresenta e che probabilmente è l'essenza stessa del suo genio... Un elemento perfino più importante della sua gag."
Buster Keaton, 1952

"Nunca nos cansamos de admirar a sua atenção ao detalhe, a precisão meticulosa que cada um dos seus filmes representa, e que talvez seja a essência do seu génio - um elemento ainda mais importante que a sua arte de fazer rir."
Buster Keaton, 1952

PRODUCCIONES BRITÁNICAS

PRODUZIONI BRITANNICHE

PRODUÇÕES BRITÂNICAS

1957 – 1967

'A KING IN NEW YORK' (1957)
Desde el momento en que llega a Nueva York, el rey Shahdov es acosado por reporteros que buscan una historia jugosa. El acercamiento de la reportera de televisión Ann Kay (Dawn Addams) no es demasiado sutil. / Dal momento del suo arrivo a New York, Re Shahdov è assediato dai reporter a caccia di storie intriganti. Qui, la giornalista della TV Ann Kay (Dawn Addams) non va tanto per il sottile. / Desde o momento em que chega a Nova Iorque, o Rei Shahdov é acossado pelos repórteres em busca de uma boa história. A abordagem da repórter de TV Ann Kay (Dawn Addams) não é nada sutil.

P. 168
'A KING IN NEW YORK' (1957)
En el plató: Chaplin, a los 68 años, hace el papel de un monarca depuesto que intenta poner en marcha sus utópicas ideas sobre la energía atómica. / Sul set: Chaplin, 68enne, recita la parte di un monarca deposto che tenta di far decollare le sue idee utopistiche sull'energia atomica. / No plateau: Chaplin, com 68 anos, representa um monarca deposto que tenta levar adiante as suas ideias sobre a energia atómica.

'A KING IN NEW YORK' (1957)
En el plató: Chaplin le enseña a Dawn Addams cómo lavar su pierna. / Sul set: Chaplin mostra a Dawn Addams come lavarsi le gambe. / No plateau: Chaplin mostra a Dawn Addams como lavar a sua perna.

'A KING IN NEW YORK' (1957)
Shahdov transforma los objetos que hay sobre la mesa de la cena para demostrar cómo los dentistas están siempre al teléfono. / Shahdov trasforma gli oggetti del tavolo da pranzo per dimostrare che i dentisti sono sempre al telefono. / Shahdov transforma os objectos na mesa do jantar para demonstrar como os dentistas estão sempre ao telefone.

'A COUNTESS FROM HONG KONG' (1967)
En el plató: Chaplin ataca su 77 pastel de cumpleaños, con Oona Chaplin, Melanie Griffith y Sophia Loren tras él. / Sul set: Chaplin si lancia all'assalto della torta per il suo 77° compleanno, con Oona Chaplin, Melanie Griffith e Sophia Loren alle sue spalle. / No plateau: Chaplin ataca o bolo do seu 77° aniversário, com Oona Chaplin, Melanie Griffith e Sophia Loren por detrás dele.

'A COUNTESS FROM HONG KONG' (1967)
En el plató: Aunque Marlon Brando era un gran fan de Chaplin, sus diferentes métodos de trabajo causaron roces. / Sul set: Per quanto Marlon Brando fosse un grande ammiratore di Chaplin, le differenze nei metodi di lavoro dei due causarono alcune frizioni. / No plateau: Embora Marlon Brandon fosse um enorme fã de Chaplin, os seus diferentes métodos de trabalho provocavam fricção.

"Me gusta hacer películas, me gusta actuar en ellas, y supongo que siempre seré parte de una película."
Charles Chaplin, 'Adelphi Magazine' (Enero de 1925)

"Mi piace girare film, e mi piace recitarvi, e credo che in fondo sarò sempre un po' parte di un film io stesso."
Charles Chaplin, 'Adelphi Magazine' (gennaio 1925)

"Eu gosto de fazer filmes, e gosto de representar neles, e acho que serei sempre um pouco do filme."
Charles Chaplin, 'Adelphi Magazine' (Janeiro de 1925)

'A COUNTESS FROM HONG KONG' (1967)
En el plató: Marlon Brando hace el papel de un millonario norteamericano que se enamora de la bella polizón rusa Sofía Loren. / Sul set: Marlon Brando recita la parte di un milionario americano che si innamora della bella clandestina russa impersonata da Sophia Loren. / No plateau: Marlon Brando representa um milionário americano que se apaixona pela bela clandestina russa Sophia Loren.

P. 176/177
LONDRES/LONDRA (1959)
Chaplin visitó el Londres de su infancia para que le ayudase a hacer resurgir los recuerdos para su autobiografía. / Chaplin visita la Londra della sua infanzia per far riemergere i ricordi per la sua autobiografia. / Chaplin visitou a Londres da sua infância para ajudar a reviver memórias para a sua autobiografia.

3
CRONOLOGÍA
CRONOLOGIA

CENTRAL LONDON POOR LAW SCHOOL (1897)
Chaplin (en el centro, a la izquierda), a los 7 años. / Chaplin (al centro verso sinistra), all'età di 7 anni. / Chaplin (ao centro e à esquerda) com 7 anos de idade.

P. 178
'LIMELIGHT' (1952)
En el plató / Sul set / No plateau

1889 (16 de abril) Nacimiento de Charles Chaplin.

1892 Separación de los padres de Chaplin.

1896–1898 Chaplin es internado en la escuela de Hanwell para niños pobres.

1898–1902 Primer trabajo profesional, con la compañía musical Eight Lancashire Lads.

1901 (9 de mayo) Muere el padre de Chaplin, a los 37 años.

1903–1906 Hace una gira con la obra Sherlock Holmes, donde representa el papel de Billy.

1905 (Octubre-Noviembre) Actúa en el teatro Duque de York, en Londres, como Billy, en The Painful Predicament of Sherlock Holmes y Sherlock Holmes.

1906 (Marzo) Vuelve al escenario teatral en el sketch Repairs.

1907 (Mayo-Julio) Realiza una gira con la compañía musical Caseys Court Circus.

1908 (21 de febrero) Firma su primer contrato con Fred Karno; actúa en los sketches de Karno The Football Match, Skating, Mumming Birds y Jimmy the Fearless.

1910–1912 Realiza una gira por los Estados Unidos con la compañía de pantomimas de Karno.

1912 (Octubre) Emprende la segunda gira con Karno por los Estados Unidos.

1913 (5 de septiembre) Firma un contrato con la productora Keystone. (29 de noviembre) Última aparición sobre el escenario con la compañía de Karno.

1914 (2 de febrero) Estreno de su primera película, Charlot, periodista. (7 de febrero) Estreno de Carreras sofocantes, la primera película en la cual Chaplin vistió el famoso traje de vabagundo. (Febrero-Diciembre) Aparece en 35 películas para la productora Keystone. (14 de diciembre) Estreno de El romance de Charlot, primer largometraje cómico.

1915 Dirige y hace el papel protagonista en 14 películas de dos rollos para la productora Essanay.

1916–1917 Produce, dirige y hace el papel protagonista en 12 películas de dos rollos que distribuirá la productora Mutual.

1918 (Enero) Abre su propio estudio. 23 de octubre: Se casa con Mildred Harris.

1918–1922 Produce, dirige y hace el papel protagonista en 8 películas para la First National Exhibitors' Circuit.

1919 (5 de febrero) Se constituye oficialmente la United Artists.

1920 (30 de noviembre) Se divorcia de Mildred Harris.

1921 (6 de febrero) Estreno de *El chico*, el primer largometraje de Chaplin. (3 de septiembre-12 de octubre) Retorno triunfal a Europa.

1923 (28 de enero) Chaplin y Pola Negri anuncian su compromiso. (1 de marzo) Se rompe el compromiso. (2 de marzo) Se comprometen de nuevo. (28 de junio) Se rompe definitivamente el compromiso. (6 de septiembre) Estreno de la primera película de Chaplin con la United Artists, *Una mujer de París*.

1924 (26 de noviembre) Se casa con Lita Grey, con la cual tiene dos niños, Charles Spencer (1925-1968) y Sydney Earl (nacido en 1926).

1927 (12 de agosto) Se divorcia de Lita Grey.

1931 Primera película sonora de Chaplin: *Luces de la ciudad*.

1931-1932 Extensa gira mundial.

1932 Julio Comienza una relación con Paulette Goddard.

1936 (17 de febrero-3 de junio) Tras el estreno de *Tiempos modernos*, extensa gira mundial con Paulette Goddard.

1940 (15 de octubre) Estreno de la primera película hablada de Chaplin: *El gran dictador*.

1942 (4 de junio) Se divorcia de Paulette Goddard, tras un matrimonio que, alegan, tuvo lugar en el Lejano Oriente en 1936.

1943 (16 de junio) Chaplin se casa con Oona O'Neill.

1944 (10 de febrero-14 de abril) Chaplin es juzgado por varias supuestas ofensas relacionadas con su affaire con la actriz Joan Barry. (13 de diciembre-2 de enero) Proceso por paternidad contra Chaplin. El jurado no alcanza un veredicto.

1945 (4-17 de abril) Segundo proceso por paternidad entablado por Joan Barry. La mayoría del jurado falla en contra de Chaplin.

1952 (17 de septiembre) Chaplin y su familia zarpan hacia Londres para el estreno de *Candilejas*. (19 de septiembre) Se anula el permiso de Chaplin para que pueda regresar a los Estados Unidos.

1953 Chaplin establece su residencia permanente en Manoir de Ban, Corsier-sur-Vevey, Suiza.

1957 (12 de septiembre) Estreno en Londres de la primera película hecha por Chaplin fuera de Hollywood: *Un rey en Nueva York*.

1964 Publicación de *Mi autobiografía*.

1967 (Enero) Estreno de la última película de Chaplin: *La condesa de Hong Kong*. Chaplin continúa trabajando hasta su muerte, componiendo nueva música para sus películas mudas y preparando un guión que nunca se realizará, *The Freak*.

1972 (16 de abril) Recibe un Oscar honorífico en Hollywood.

1975 (4 de marzo) Es nombrado caballero por S.M. la reina Isabel II.

1977 (25 de diciembre) Chaplin muere mientras duerme en su casa.

1978 (1 de marzo) El cuerpo de Chaplin es robado de su tumba. Fue recuperado el 17 de marzo, y se condenó a Gantcho Ganev y Roman Wardas.

1991 (27 de septiembre) Muerte de Oona Chaplin.

CRONOLOGIA

1889 (16 aprile) Nasce Charles Chaplin.

1892 I genitori di Chaplin si separano.

1896-1898 Chaplin è ospite della Hanwell School, un istituto per bambini indigenti.

1898-1902 Primo ingaggio professionale, nella compagnia di music hall Eight Lancashire Lads.

1901 (9 maggio) Muore il padre all'età di 37 anni.

1903-1906 Va in tournée come Billy nella recita *Sherlock Holmes*.

1905 (ottobre-novembre) Sempre nel ruolo di Billy, calca le scene del Duke of York's Theatre di Londra in *The Painful Predicament of Sherlock Holmes* e in *Sherlock Holmes*.

1906 (marzo) Torna sui palcoscenici del music hall nello sketch *Repairs*.

1907 (maggio-luglio) È in tournée con la compagnia di music hall *Caseys Court Circus*.

1908 (21 febbraio) Sigla il primo contratto con Fred Karno. Recita in alcuni sketch di Karno: *The Football Match*, *Skating*, *Mumming Birds* e *Jimmy the Fearless*.

1910-1912 Gira gli Stati Uniti con la compagnia comica di Karno.

1912 (ottobre) Intraprende la seconda tournée statunitense con Karno.

1913 (5 settembre) Sigla un contratto con la Keystone Film Company. (29 novembre) Ultima apparizione sulle scene con la compagnia di Karno.

1914 (2 febbraio) Prima apparizione in pellicola, con *Per guadagnarsi la vita*. (7 febbraio) Esce *Charlot si distingue*, il primo film in cui Chaplin veste i panni del celebre 'vagabondo'. (febbraio-dicembre) Appare in 35 film della Keystone. (14 dicembre) Esce *Il romanzo di Tillie*, primo lungometraggio del genere slapstick.

1915 Dirige e recita in 14 cortometraggi per la Essanay Film Manufacturing Company.

1916-1917 Produce, dirige e recita in 12 cortometraggi distribuiti dalla Mutual Film Corporation.

1918 (gennaio) Apre un proprio studio cinematografico. (23 ottobre) Sposa Mildred Harris.

1918-1922 Produce, dirige e recita in 8 film distribuiti dal First National Exhibitors' Circuit.

1919 (5 febbraio) Nasce la United Artists.

1920 (30 novembre) Mildred Harris gli concede il divorzio.

1921 (6 febbraio) Esce *Il monello*, il primo lungometraggio diretto e interpretato da Chaplin. (3 settembre-12 ottobre) Fa ritorno in Europa, dove è acclamato.

1923 (28 gennaio) Chaplin e Pola Negri annunciano il loro fidanzamento. (1 marzo) Rottura tra i due. (2 marzo) Temporanea riconciliazione. (28 giugno) Rottura definitiva. (6 settembre) Esce il primo film di Chaplin per la UA: *La donna di Parigi*.

1924 (26 novembre) Sposa Lita Grey, da cui avrà due figli, Charles Spencer (1925-1968) e Sydney Earl (nato il 1926).

1927 (12 agosto) Ottiene il divorzio da Lita Grey.

1931 Esce *Luci della città*, primo film sonoro di Chaplin.

1931-1932 Parte per una lunga tournée mondiale.

1932 (luglio) Inizia la relazione con Paulette Goddard.

1936 (17 febbraio-3 giugno) In seguito all'uscita di *Tempi moderni*, parte in tournée mondiale con Paulette Goddard.

1940 (15 ottobre) Si tiene la prima del primo film parlato di Chaplin, *Il grande dittatore*.

1942 (4 giugno) Ottiene il divorzio da Paulette Goddard, con cui si era sposato, pare, in Estremo Oriente nel 1936.

1943 (16 giugno) Chaplin sposa Oona O'Neill.

1944 (10 febbraio-14 aprile) Chaplin è citato in giudizio con l'accusa di maltrattamenti nei confronti dell'attrice Joan Barry, con cui aveva una relazione. (13 dicembre-2 gennaio) Gli viene intentata contro una causa di paternità. La giuria si esprime a favore di Chaplin.

1945 (4-17 aprile) Joan Barry gli intenta contro una seconda causa di paternità. La giuria, a maggioranza, si esprime a sfavore di Chaplin.

1952 17 settembre Chaplin e famiglia partono per Londra per la prima di *Luci della ribalta*. (19 settembre) Gli viene negato il permesso di

'REPAIRS' (1906)
Charles Chaplin (en el centro) con Sydney como el pintor suba las escaleras. / Charles Chaplin (centro) con Sydney nei panni dell'imbianchino sulle scale. / Charles Chaplin (ao centro) com Sydney como painter sobre as escadas.

rientrare negli Stati Uniti.

1953 I Chaplin scelgono come residenza permanente il Manoir de Ban, a Corsier-sur-Vevey, in Svizzera.

1957 (12 settembre) Prima londinese del primo film realizzato da Chaplin fuori da Hollywood, *Un re a New York*.

1964 Pubblicazione di *La mia autobiografia*.

1967 (gennaio) Esce l'ultimo dei film realizzati da Chaplin, *La contessa di Hong Kong*. Chaplin continua a lavorare sino alla morte, componendo nuove musiche per i suoi film muti e preparando il copione per una pellicola che non vedrà mai la luce, *The Freak*.

1972 (16 aprile) A Hollywood, gli viene conferito l'Oscar alla carriera.

1975 (4 marzo) È nominato Baronetto dalla regina Elisabetta II.

1977 (25 dicembre) Chaplin muore nel sonno a casa.

1978 (1 marzo) Viene trafugata la salma di Chaplin. Ritrovata il 17 marzo, vengono arrestati Gantcho Ganev e Roman Wardas.

1991 (27 settembre) Muore Oona Chaplin.

CRONOLOGIA

1889 (16 de Abril) Nascimento de Charles Chaplin.

1892 Separação dos pais de Chaplin.

1896–1898 Chaplin é internado na Hanwell School para crianças destituídas.

1898–1902 Primeiro trabalho profissional, com o número de music hall de Eight Lancashire Lads.

1901 (9 de Maio) Morte do pai de Chaplin aos 37 anos.

1903–1906 Digressão como Billy na peça *Sherlock Holmes*.

1905 (Outubro–Novembro) Aparece no Duke of York's Theatre, em Londres no papel de Billy em *The Painful Predicament of Sherlock Holmes* e *Sherlock Holmes*.

1906 (Março) Regressa ao palco do music hall no sketch *Repairs*.

1907 (Maio-Julho) Digressão com o acto de music hall *Caseys Court Circus*.

1908 (21 de Fevereiro) Assina o primeiro contrato com Fred Karno; representa nos sketches de Karno *The Football Match*, *Skating*, *Mumming Birds* e *Jimmy the Fearless*.

1910–1912 Digressão nos Estados Unidos com a companhia de Karno.

1912 (Outubro) Embarca na segunda digressão de Karno pelos Estados Unidos.

1913 (5 de Setembro) Assina contrato com a Keystone Film Company. (29 de Novembro) Última aparição em palco com a Companhia de Karno.

1914 (2 de Fevereiro) Estreia do primeiro filme, *Making a Living*. (7 de Fevereiro) Estreia de *Kid Auto Races*, o primeiro filme no qual Chaplin usa o famoso fato de vagabundo.
(Fevereiro-Dezembro) Aparece em 35 filmes da empresa cinematográfica Keystone. (14 de Dezembro) Estreia de *Tillie's Punctured Romance*, primeira comédia slapstick em longa metragem.

1915 Realiza e interpreta o papel principal em 14 filmes em duas bobines para a Essanay Film Manufacturing Company.

1916–1917 Produz, realiza e interpreta o papel principal em 12 filmes de duas bobines para distribuição pela Mutual Film Corporation.

1918 (Janeiro) Abre o seu próprio estúdio.

(23 Outubro) Casa com Mildred Harris.

1918–1922 Produz, realiza e interpreta o papel principal em 8 filmes para a First National Exhibitors' Circuit.

1919 (5 de Fevereiro) A United Artists é oficialmente criada.

1920 (30 de Novembro) Divórcio de Mildred Harris.

1921 (6 de Fevereiro) Estreia de *O garoto de Charlot*, a primeira longa-metragem de Chaplin. (3 de Setembro-12 de Outubro) Regresso triunfal à Europa.

1923 (28 de Janeiro) Chaplin e Pola Negri anunciam o seu compromisso. (1 de Março) O compromisso é desfeito.
(2 de Março) O compromisso é de novo reatado.
(28 de Junho) O compromisso é definitivamente desfeito.
(6 de Setembro) Estreia do primeiro filme de Chaplin da United Artists, *A Woman of Paris*.

1924 (26 de Novembro) Casamento com Lita Grey, com a qual tem dois filhos, Charles Spencer (1925-1968) e Sydney Earl (nascido a 1926).

1927 (12 de Agosto) Divórcio de Lita Grey.

1931 O primeiro filme sonoro de Chaplin, *Luzes na cidade*.

1931–1932 Longa digressão mundial.

1932 (Julho) Inicia um caso com Paulette Goddard.

1936 (17 de Fevereiro-3 Junho) Após a estreia de *Tempos modernos*, longa digressão mundial com Paulette Goddard.

1940 (15 de Outubro) Estreia do primeiro filme falado de Chaplin, *O grande ditador*.

1942 (4 de Junho) É concedido o divórcio de Paulette Goddard de um casamento alegadamente realizado no Extremo Oriente em 1936.

1943 (16 de Junho) Chaplin casa com Oona O'Neill.

1944 (10 de Fevereiro-14 de Abril) Chaplin é levado a tribunal por várias alegadas ofensas relacionadas com uma ligação com a actriz Joan Barry. (13 de Dezembro-2 Janeiro) Acusação de paternidade contra Chaplin. O júri discorda.

1945 (4-17 de Abril) Segunda acusação de paternidade em nome de Joan Barry. A maioria

do jurado decide contra Chaplin.

1952 (17 de Setembro) Chaplin e a família navegam para Londres para a estreia de *Luzes da ribalta*. 19 de Setembro: A autorização de regresso de Chaplin ao Estados Unidos é rescindida.

1953 Os Chaplins fixam residência permanente em Manoir de Ban, Corsier-sur-Vevey, Suíça.

1957 (12 de Setembro) Estreia em Londres do primeiro filme de Chaplin realizado fora de Hollywood, *Um rei em Nova Iorque*.

1964 Publicação de *A minha autobiografia*.

1967 Janeiro: Estreia do último filme de Chaplin, *A condessa de Hong Kong*. Chaplin continua trabalhar até à sua morte, compondo novas músicas para os seus filmes mudos e preparando um guião que nunca chegará a terminar, *The Freak*.

1972 (16 de Abril) Recebe o Óscar Honorário da Academia de Hollywood.

1975 (4 de Março) É investido Cavaleiro por S.M. Rainha Isabel II.

NAVIDAD/NATALE/NATAL
La tarjeta navideña de la familia Chaplin. / Cartolina di Natale della famiglia Chaplin. / O cartão de Natal da família Chaplin.

1977 (25 de Dezembro) Chaplin morre durante o sono em sua casa.

1978 (1 Março) O corpo de Chaplin é roubado da sua campa. É recuperado a 17 de Março e Gantcho Ganev e Roman Wardas são condenados.

1991 (27 de Setembro) Falece Oona Chaplin.

4
FILMOGRAFÍA
FILMOGRAFIA

Todas las películas tienen a Charles Chaplin en el papel protagonista, excepto *Una mujer de París* y *La condesa de Hong Kong*, en las que hizo pequeños papeles./Tutti i film vedono Charles Chaplin nel ruolo del protagonista, tranne che in *La donna di Parigi* e *La contessa di Hong Kong*, in cui recita parti secondarie./Charles Chaplin assume o papel principal em todos os filmes, com excepção dos filmes *Opinião pública* e *A Condessa de Hong Kong*, onde interpreta pequenos papéis.

Keystone
Producción/Produzione/Produção: The Keystone Film Company. Productor/Produttore/Produtor: Mack Sennett. Fotografía/Fotografia/Fotografia: la unidad de cámaras de la Keystone, que incluía a/vari cameraman della Keystone, tra cui/equipa da Keystone, incluindo Frank D. Williams, E.J. Vallejo, Hans Koenekamp.

Charlot, periodista/Charlot giornalista/Making A Living (Making A Living, 1914)

Carreras sofocantes/Charlot si distingue/Kid Auto Races at Venice (Kid Auto Races at Venice, 1914)

Aventuras extraordinarias de Mabel/La strana avventura di Mabel/Mabel's Strange Predicament (Mabel's Strange Predicament, 1914)

Charlot y el paraguas/Charlot e l'ombrello/Between Showers (Between Showers, 1914)

Charlot hace cine/Charlot fa del cinema/A Film Johnnie (A Film Johnnie, 1914)

Charlot en el baile/Charlot ballerino/Tango Tangles (Tango Tangles, 1914)

Charlot extremadamente elegante/Traditore di un Charlot!/His Favorite Pastime (His Favorite Pastime, 1914)

Un amor cruel/Charlot aristocratico/Cruel, Cruel Love (Cruel, Cruel Love, 1914)

Charlot, huésped ideal/Charlot pensionante/The Star Boarder (The Star Boarder, 1914)

Mabel y el auto infernal/Mabel al volante/Mabel at the Wheel (Mabel at the Wheel, 1914)

Charlot de conquista/Charlot pazzo per amore/Twenty Minutes of Love (Twenty Minutes of Love; director y guión/regia e sceneggiatura/realização e argumento: Charles Chaplin; 1914)

Charlot camarero/Charlot garzone di caffè/Caught in a Cabaret (Caught in a Cabaret, 1914)

Charlot y la sonámbula/Sotto la pioggia/Caught in the Rain (Caught in the Rain; director y guión/regia e sceneggiatura/realização e argumento: Charles Chaplin; 1914)

Charlot sufragista/Madame Charlot/A Busy Day (A Busy Day; director y guión/regia e sceneggiatura/realização e argumento: Charles Chaplin; 1914)

El mazo de Charlot/Charlot e il martello/The Fatal Mallet (The Fatal Mallet, 1914)

Charlot árbitro/Charlot e Fatty boxeurs/The Knockout (The Knockout, 1914)

Mabel vendedora ambulante/Charlot e le salsicce/Mabel's Busy Day (Mabel's Busy Day, 1914)

Charlot en la vida conyugal/Charlot e il manichino/Mabel's Married Life (Mabel's Married Life; director/regia/ realização: Charles Chaplin; guión/

sceneggiatura/*argumento*: Charles Chaplin, Mabel Normand; 1914). Con/Con/Com Mabel Normand, Mack Swain, Alice Howell.

Charlot, falso dentista/Charlot falso dentista/ Laughing Gas (*Laughing Gas*; director y guión/ regia e sceneggiatura/*realização* e *argumento*: Charles Chaplin; 1914)

Charlot regisseur/Il trovarobe/The Property Man (*The Property Man*; director y guión/regia e sceneggiatura/*realização* e *argumento*: Charles Chaplin; 1914)

Charlot pintor/Charlot pittore/The Face on the Bar Room Floor (*The Face on the Bar Room Floor*; director/regia: Charles Chaplin; 1914)

La pícara primavera/Divertimento/Recreation (*Recreation*; director y guión/regia e sceneggiatura/ *realização* e *argumento*: Charles Chaplin; 1914)

Charlot artista de cine/Charlot attore/The Masquerader (*The Masquerader*; director y guión/ regia e sceneggiatura/*realização* e *argumento*: Charles Chaplin; 1914)

Nueva colocación de Charlot/Charlot infermiere/ His New Profession (*His New Profession*; director y guión/regia e sceneggiatura/*realização* e *argumento*: Charles Chaplin; 1914)

Charlot y Fatty en el café/Charlot e Fatty al caffè/The Rounders (*The Rounders*; director y guión/regia e sceneggiatura/*realização* e *argumento*: Charles Chaplin; 1914)

Charlot conserje/Il nuovo portiere/The New Janitor (*The New Janitor*; director y guión/regia e sceneggiatura/*realização* e *argumento*: Charles Chaplin; 1914)

Jos, rival de Charlot/Charlot rivale in amore/Those Love Pangs (*Those Love Pangs*; director y guión/regia e sceneggiatura/*realização* e *argumento*: Charles Chaplin; 1914)

Charlot panadero/Charlot panettiere/Dough and Dynamite (*Dough and Dynamite*; director/regia/ *realização*: Charles Chaplin; 1914)

Mabel y Charlot en las carreras/Charlot e Mabel alle corse/Gentlemen of Nerve (*Gentlemen of Nerve*; director y guión/regia e sceneggiatura/ *realização* e *argumento*: Charles Chaplin; 1914)

Charlot domina el piano/Charlot facchino/His Musical Career (*His Musical Career*; director y guión/regia e sceneggiatura/*realização* e *argumento*: Charles Chaplin; 1914)

Charlot se engaña/Charlot gagà/His Trysting Place (*His Trysting Place*; director y guión/regia e sceneggiatura/*realização* e *argumento*: Charles Chaplin; 1914)

El romance de Charlot/Il romanzo di Tillie/Tillie's Punctured Romance (*Tillie's Punctured Romance*, 1914)

Charlot tiene una mujer celosa/Charlot e la moglie gelosa/Getting Acquainted (*Getting Acquainted*; director y guión/regia e sceneggiatura/*realização* e *argumento*: Charles Chaplin; 1914)

Charlot prehistórico/Charlot re per un giorno/His Prehistoric Past (*His Prehistoric Past*; director y guión/regia e sceneggiatura/*realização* e *argumento*: Charles Chaplin; 1914)

Essanay
Producción/Produzione/Produção: The Essanay Film Manufacturing Company.
Productor/Produttore/Produtor: Jesse T. Robbins.
Director y guión/Regia e sceneggiatura/ Realizador e argumento: Charles Chaplin.
Fotografía/Fotografia/Fotografia: Harry Ensign a partir de/a partire da/a partir de *A Night Out*: se desconoce al fotógrafo de *His New Job*/fotografo di *His New Job* ignoto/fotógrafo de *His New Job* desconhecido. Ayudante de director/Assistente alla regia/Assistente de realização: Ernest Van Pelt (a partir de/a partire da/a partir de *His New Job*). Artista escénico/Scenografia/Artista cénico: E.T. Mazy (a partir de/a partire da/a partir de *Work*). Algunas autoridades también le atribuyen a George (Scotty) Cleethorpe el papel de director artístico./Algumas autoridades também referem George (Scotty) Cleethorpe como director artístico.

Charlot cambia de oficio/Charlot principiante/ His New Job (*His New Job*, 1915)

Charlot trasnochador/Le notti bianche di Charlot/A Night Out (*A Night Out*, 1915)

Un campeón de boxeo/Charlot boxeur/The Champion (*The Champion*, 1915)

Charlot en el parque/Charlot nel parco/In the Park (*In the Park*, 1915)

La fuga de Charlot/Charlot prende moglie/ A Jitney Elopement (*A Jitney Elopement*, 1915)

Charlot vagabundo/Charlot vagabondo/The Tramp (*The Tramp*, 1915)

Charlot en la playa/Charlot alla spiaggia/ By the Sea (*By the Sea*, 1915)

Charlot empapelador/Charlot apprendista/ Work (*Work*, 1915)

Charlot, perfecta dama/La signorina Charlot/ A Woman (*A Woman*, 1915)

Charlot, portero de banco/Charlot in banca/ The Bank (*The Bank*, 1915)

Charlot, marinero/Charlot marinaio/Shanghaied (*Shanghaied*, 1915)

Charlot en el teatro/Charlot a teatro/A Night in the Show (*A Night in the Show*, 1915)

Carmen/Carmen/Charlie Chaplin's Burlesque on Carmen (*Charlie Chaplin's Burlesque on Carmen*, 1916)

Charlot, licenciado de presidio/Charlot ladro/Police (*Police*, 1916)

Mutual
Producción/Produzione/Produção: Lone Star Mutual. Productor, director y guión/Produzione, regia e sceneggiatura/Produtor, realizador e argumento: Charles Chaplin. Fotografía/Fotografia/Fotografia *The Floorwalker*, *The Fireman*, *The Vagabond*: Frank D. Williams, Ayudante/Assistente/Assistente: Roland Totheroh. Fotografía/Fotografia/Fotografia a partir de/a partire da/a partir de *One A.M.*: Roland Totheroh. Director artístico/Director artístico/Direttore artistico: George (Scotty) Cleethorpe. Reparto/Cast/Elenco: Charles Chaplin, Edna Purviance, Eric Campbell, Albert Austin, John Rand, James T. Kelly, Henry Bergman (a partir de/a partire da/a partir de *The Pawnshop*).

Charlot, encargado de bazar/Charlot commesso/ The Floorwalker (*The Floorwalker*, 1916)

Charlot, bombero/Charlot pompiere/The Fireman (*The Fireman*, 1916)

Charlot, músico ambulante/Il vagabondo/The Vagabond (*The Vagabond*, 1916)

Charlot, a la una de la madrugada/Charlot ubriaco/One A.M. (*One A.M.*, 1916) Actuación en solitario de Chaplin, con la breve aparición de Albert Austin./Unico protagonista Chaplin, con una breve apparizione di Albert Austin./Desempenho a solo de Chaplin com uma breve aparição de Albert Austin.

El conde/Charlot conte/The Count (*The Count*, 1916)

Charlot, prestamista/Charlot usuraio/The Pawnshop (*The Pawnshop*, 1916)

Charlot, tramoyista de cine/Charlot operatore/ Behind the Screen (*Behind the Screen*, 1916)

Charlot, héroe del patín/Charlot al pattinaggio/ The Rink (*The Rink*, 1916)

Charlot en la calle de la paz/La strada della paura/Easy Street (*Easy Street*, 1917)

Charlot en el balneario/La cura miracolosa/The Cure (*The Cure*, 1917)

Charlot, emigrante/L'emigrante/The Immigrant (*The Immigrant*, 1917)

El aventurero/L'evaso/The Adventurer (*The Adventurer*, 1917)

First National
Producción/Produzione/Produção: Chaplin/First National. Productor, director y guión/Produzione, regia e sceneggiatura/Produtor, realizador e argumento: Charles Chaplin. Fotografía/ Fotografia/Fotografia: Roland Totheroh. Auxiliar de cámara/Seconda camera/Segundo operador de câmara: Jack Wilson. Ayudante/Assistente/Assistente: Charles ('Chuck') Riesner. Artista escénico/Scenografia/Artista cénico: Charles D. Hall. Grabado en el Chaplin Studio en Sunset y La Brea./Girati al Chaplin Studio, Sunset e La Brea/Filmado no Chaplin Studio em Sunset e La Brea. Reparto/Cast: Edna Purviance, Henry Bergman, Albert Austin, Tom Wilson.

How to Make Movies (1918)

Vida de perros/Vita da cani/A Dog's Life (*A Dog's Life*, 1918)

The Bond (1918)

Chaplin-Lauder Charity Film (1918)

Armas al hombro/Charlot soldato/Shoulder Arms (*Shoulder Arms*, 1918)

Al sol/Charlot campagnolo/Sunnyside (*Sunnyside*, 1919)

Un día de juerga/Una giornata di vacanza/A Day's Pleasure (*A Day's Pleasure*, 1919)

El chico/Il monello/The Kid (*The Kid*, 1921)

Vacaciones/Charlot e la maschera di ferro/The Idle Class (*The Idle Class*, 1921)

Día de paga/Giorno di paga/Pay Day (*Pay Day*, 1922)

El peregrino/Il pellegrino/The Pilgrim (*The Pilgrim*, 1922)

The Professor (1922) No completada/Incompiuto/ Não terminado

Monsieur Verdoux/Monsieur Verdoux/O Barba Azul (*Monsieur Verdoux*, 1947)

Candilejas/Luci della ribalta/Luzes da ribalta (*Limelight*, 1952)

United Artists
Distribución/Distribuzione/Distribution: United Artists. Productor, director y guión/Produzione, regia e sceneggiatura/Produtor, realizador e argumento: Charles Chaplin.

Una mujer de París/La donna di Parigi/Opinião pública (*A Woman of Paris*, 1923)

La quimera del oro/La febbre dell'oro/A quimera do ouro (*The Gold Rush*, 1925)

El circo/Il circo/O circo (*The Circus*, 1928)

Luces de la ciudad/Luci della città/Luzes na cidade (*City Lights*, 1931)

Tiempos modernos/Tempi moderni/Tempos modernos (*Modern Times*, 1936)

El gran dictador/Il grande dittatore/O grande ditador (*The Great Dictator*, 1940)

Las producciones británicas/Le produzioni inglesi/Produções Britânicas
Productor, director, guión y música/Produzione, regia, sceneggiatura e musica/Produtor, realizador, argumento e música: Charles Chaplin.

Un rey en Nueva York/Un re a New York/Um rei em Nova Iorque (*A King in New York*, 1957)

La condesa de Hong Kong/La contessa di Hong Kong/A condessa de Hong Kong (*A Countess From Hong Kong*, 1967)

BIBLIOGRAPHY

Asplund, Uno: *Chaplin's Films.* Translated by Paul Britten Austin, David & Charles, 1973.
Bazin, André: *Charlie Chaplin.* Preface by François Truffaut, Editions du Cerf, 1973.
Bessy, Maurice: *Charlie Chaplin.* Harper Collins, 1985.
Chaplin, Charles: *My Autobiography.* Simon and Schuster, 1964.
Chaplin, Charles: *My Life in Pictures.* Introduction by Francis Wyndham, Grosset & Dunlap, 1976.
Chaplin, Charles, Jr. (with N. and M. Rau): *My Father, Charlie Chaplin.* Random House, 1960.
Chaplin, Lita Grey (with Jeffrey Vance): *Wife of the Life of the Party.* Foreword by Sydney Chaplin, Scarecrow Press, 1998.
Chaplin, Michael: *I Couldn't Smoke the Grass on My Father's Lawn.* Putnam's Sons, 1966.
Comte, Michel: *Charlie Chaplin: A Photo Diary.* Steidl, 2002.
Cotes, Peter and Niklaus, Thelma: *The Little Fellow: The Life and Work of Charles Spencer Chaplin.* Foreword by W. Somerset Maugham, Philosophical Library Inc., 1951.
Epstein, Jerry: *Remembering Charlie.* Bloomsbury, 1988.
Eriksson, Lennart: *Books on/by Chaplin.* Lennart Eriksson, 1980.
Gehring, Wes D.: *Charlie Chaplin: A Bio-Bibliography.* Greenwood Press, 1983.
Gifford, Denis: *Chaplin.* Macmillan, 1974.
Haining, Peter: *The Legend of Charlie Chaplin.* W. H. Allen, 1983.
Hale, Georgia (Heather Kiernan Ed.): *Charlie Chaplin; Intimate Close-Ups.* Scarecrow Press, 1995.
Huff, Theodore: *Charlie Chaplin.* Henry Schuman, 1952.
Kimber, John: *The Art of Charlie Chaplin.* Sheffield Academic Press, 2000.
Lynn, Kenneth S.: *Charlie Chaplin and his Times.* Simon and Schuster, 1997.
Lyons, Timothy J.: *Charles Chaplin: A Guide to References and Resources.* G.K. Hall, 1979.
McCabe, John: *Charlie Chaplin.* Doubleday, 1974.

McCaffrey, Donald W.: *Focus on Chaplin.* Prentice-Hall, 1971.
McDonald, Gerald D., Conway, Michael and Ricci, Mark: *The Films of Charlie Chaplin.* Citadel Press, 1965.
Maland, Charles J.: *Chaplin and American Culture.* Princeton University Press, 1989.
Manvell, Roger: *Chaplin.* Introduction by J. H. Plumb, Hutchinson, 1974.
Martin, Marcel: *Charles Chaplin.* Editions Seghers, 1966.
Mehran, Hooman and Scheide, Frank (Eds.): *The Chaplin Review: I. The Dictator and the Tramp.* British Film Institute, 2004.
Mehran, Hooman and Scheide, Frank (Eds.): *The Chaplin Review. II. Chaplin's Limelight and the Music Hall Tradition.* McFarland, 2006.
Minney, R.J.: *Chaplin: The Immortal Tramp.* George Newnes, 1954.
Mitchell, Glenn: *The Chaplin Encyclopaedia.* Batsford, 1997.
Mitry, Jean: *Tout Chaplin.* Editions Seghers, 1972.
Payne, Robert: *The Great Charlie.* Foreword by G.W. Stonier, Hermitage House, 1952.
Quigley, Isabel: *Charlie Chaplin, Early Comedies.* Studio Vista, 1968.
Robinson, David: *Chaplin: The Mirror of Opinion.* Secker and Warburg, 1983.
Robinson, David: *Chaplin: His Life and Art.* McGraw-Hill, 1985.
Robinson, David: *Charlie Chaplin: The Art of Comedy.* Thames and Hudson, 1996.
Ross, Lillian: *Moments with Chaplin.* Dodd, Mead and Company, 1978.
Sadoul, Georges: *Vie de Charlot. Charles Spencer Chaplin, ses films et son temps.* Les Editeurs Français Réunis, 1952.
Sobel, Raoul and Francis, David: *Chaplin, Genesis of a Clown.* Horizon Press, 1978.
Tyler, Parker: *Chaplin, Last of the Clowns.* Vanguard Press, 1947.
von Ulm, Gerith: *Charlie Chaplin, King of Tragedy: An Unauthorized Biography.* Caxton Printers, 1940.

IMPRINT

© 2006 TASCHEN GmbH
Hohenzollernring 53, D-50672 Köln
www.taschen.com

Editor/Picture Research/Layout: Paul Duncan/Wordsmith Solutions
Editorial Coordination: Martin Holz, Viola Krauß, Cologne
Production Coordination: Nadia Najm and Horst Neuzner, Cologne
Spanish Translation: Pilar Somoza, Santiago de Compostela
Italian Translation: Massimo Lencioni, Lucca
Portuguese Translation: Ana Sofia Manzoni, Lisbon/Nuno Miranda, Cascais
Multilingual Production: Millefogli snc, Lucca, Italy
Typeface Design: Sense/Net, Andy Disl and Birgit Reber, Cologne

Printed in China
ISBN 978-3-8228-2145-9

To stay informed about upcoming TASCHEN titles, please request our magazine at www.taschen.com/magazine or write to TASCHEN, Hohenzollernring 53, D-50672 Cologne, Germany, contact@taschen.com, Fax: +49-221-254919. We will be happy to send you a free copy of our magazine which is filled with information about all of our books.

Copyright
All the images in this book except for those listed below, were supplied by the Association Chaplin and are the property of Roy Export Company Establishment. All images from Chaplin films made from 1918 onwards, Copyright © Roy Export Company Establishment. Charles Chaplin and the Little Tramp are trademarks and/or service marks of Bubbles Inc. S.A. and/or Roy Export Company Establishment, used with permission.

The Kobal Collection, London/New York: pp. 16, 17, 21, 32, 36, 44, 51, 53, 56, 59, 61, 69, 94, 190, 191
The David Robinson Collection: pp. 40, 81, 95, 181, 188
The Jim Heimann Collection: pp. 136/137
W. Eugene Smith/Black Star: p. 167
Yves Debraine: p. 185

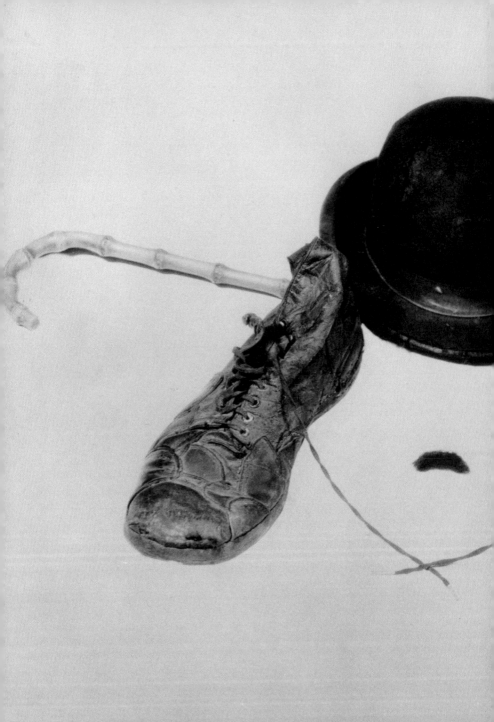